AF163629

Inspiration

RUHRGEBIET

Natur- und Wanderhighlights

36

Touren & Tipps

DER INHALT

Inspiration
Die Top-Highlights & die Karte dazu **04**

Übersichtskarte
mit allen Highlights **06**

Das Ruhrgebiet
und alles rundherum **08**

Der Norden
im Ruhrgebiet **18**

Der Osten
im Ruhrgebiet **28**

Der Süden
im Ruhrgebiet **46**

Der Westen
im Ruhrgebiet **86**

Hinweise, Tipps
und Legende **98**

OUTDOOR-TOUREN & TIPPS

36

INSPIRATION
Highlights

Kleine Dörfer, magische Wasserfälle, versteckte Badeplätze, steile Gipfel, verborgene Buchten und bezaubernde Aussichten. Einfach aufbrechen und neue Orte erkunden – was gibt es Schöneres? Damit du deine Zeit nicht mit Suchen verbringst und gleich die schönsten Ziele ansteuerst gibt es die Reihe *Inspirations.*

Eine Sammlung an Outdoor-Zielen, die sich zudem noch mit einer Wandertour verbinden lassen. Wir präsentieren dir ausgewählte Highlights aus der Region, Sehenswürdigkeiten, Geheimtipps und traumhafte Naturperlen – *Inspiration im Hosentaschenformat* für deinen Aufenthalt.

Mit unseren *Inspirationen* sind herrliche Outdoor-Erlebnisse garantiert. Die Auswahl stammt aus unseren renommierten KOMPASS-Wanderführern, in welchen die vollständigen Wandertouren-Beschreibungen zu finden sind.

Der KOMPASS-Verlag ist bekannt für seine Wanderkarten. Damit du dich noch besser auf deine Entdeckertouren vorbereiten kannst und vor Ort immer weißt wo du bist, gibt es die Touren & die passenden GPX-Tracks gratis in der KOMPASS-App.

WISSEN, WO ES LANG GEHT!
KOMPASS-APP & GPX-TRACKS

Alle Touren in der KOMPASS-App!
Wir erklären dir, wie es geht: Einfach QR-Code scannen, oder Seite über den Link aufrufen, der Anleitung folgen und los geht's!

https://link.kompass.de/79w5q

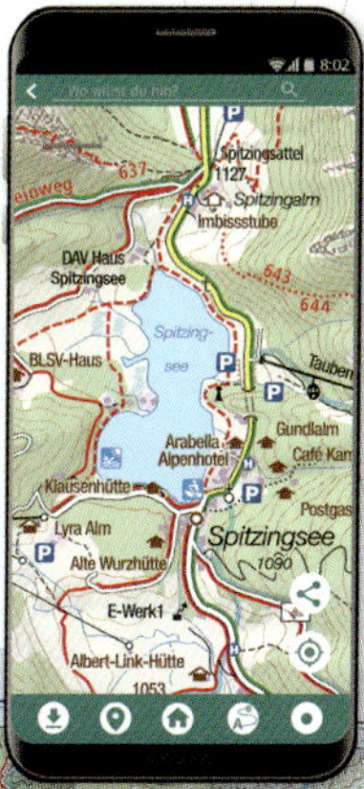

GPX-Track zum Download:
Für das Navigationsgerät deiner Wahl haben wir alle Touren auch als GPX-Track auf unserer Homepage.

https://link.kompass.de/1ypmg

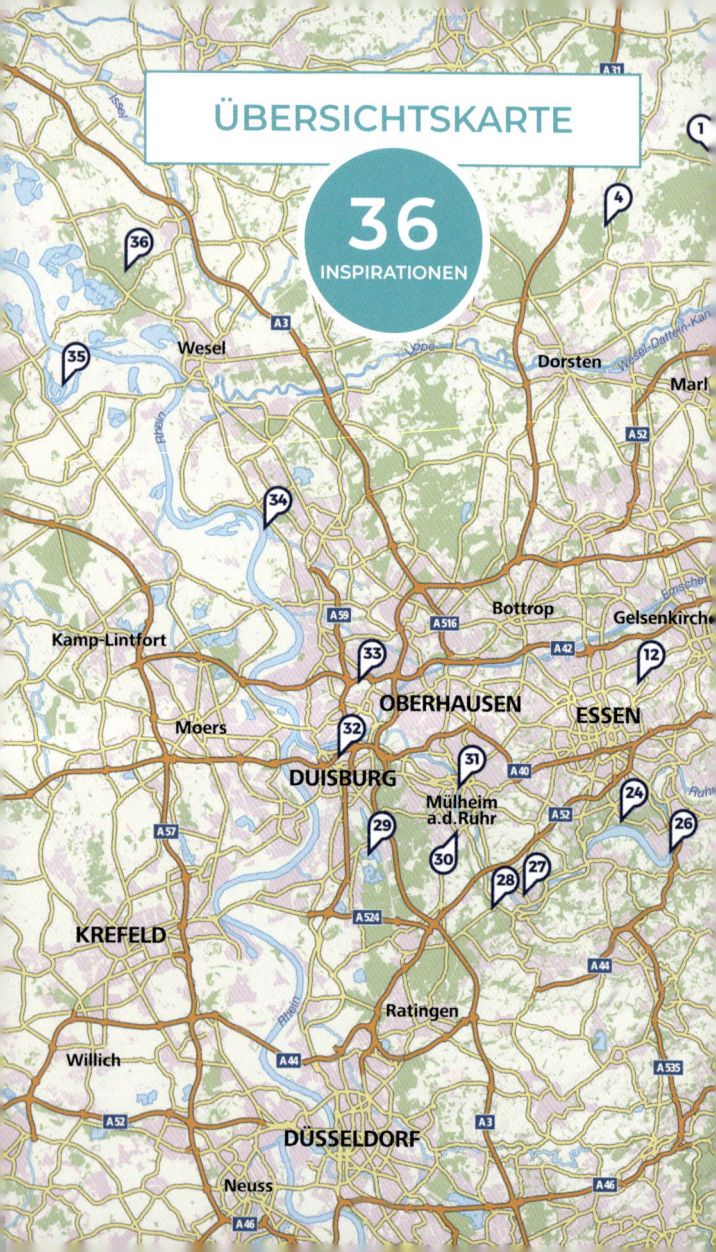

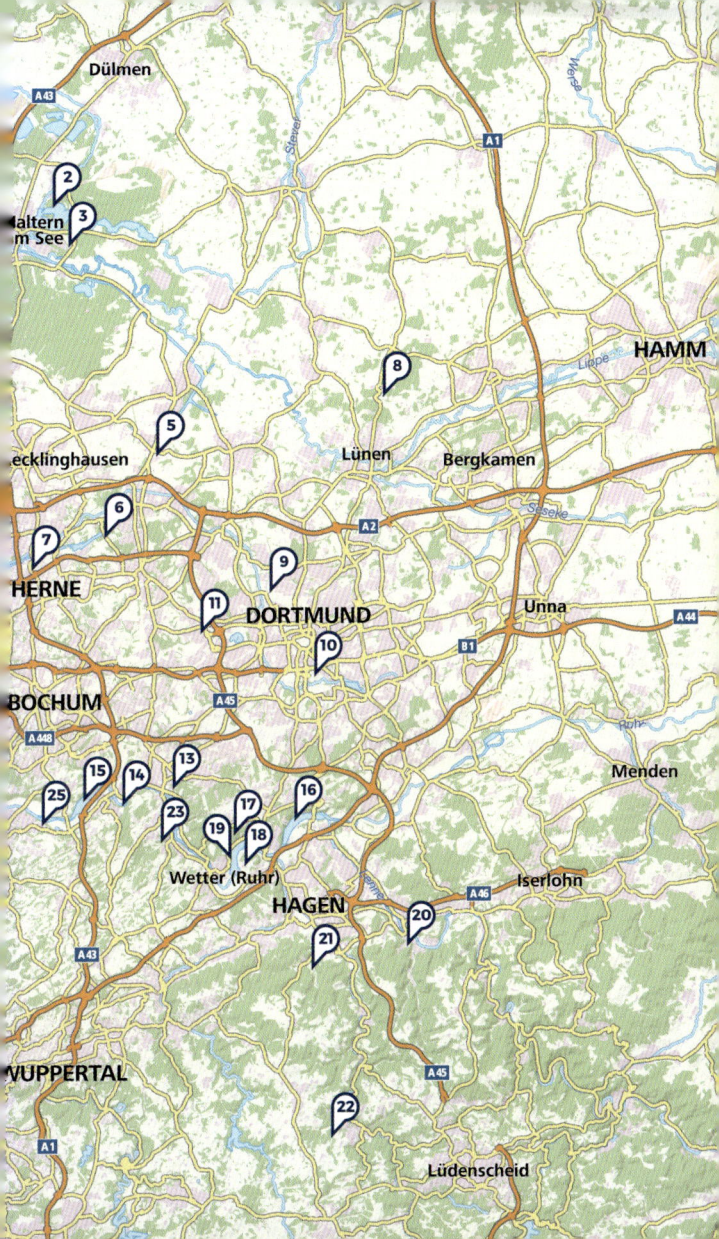

DAS RUHRGEBIET
und alles rundherum.

Das Gebiet

Das Ruhrgebiet erstreckt sich über das namensgebende Ruhrtal hinaus nach Norden in die Parklandschaft des Münsterlandes und nach Westen über den Rhein hinweg zur Niederrheinischen Bucht. Im Süden folgt der nahtlose Übergang ins Bergische Land und ins Sauerland.

In der Metropolregion Ruhr leben über 5,1 Millionen Menschen in 53 Städten und Gemeinden zwischen Rheinischem Schiefergebirge, Niederrheinischer Bucht und Bergischem Land. Damit ist die Metropolregion Rhein-Ruhr der größte Ballungsraum Deutschlands und eine der fünf größten Agglomerationen Europas. Und doch gibt es zwischen den Städten, entlang der Lippe, der Ruhr, der Wupper und dem Rhein wunderschöne Natur sowie Naturschutzgebiete und kleine Oasen als Rückzugsmöglichkeiten für Einheimische und Besucher. Hier in der „Stadt der Städte" trifft die Großstadt auf viel Grün. Einer neuen Studie zufolge zählt die Metropolregion zu den grünsten Regionen Deutschlands, 80 Prozent der Bevölkerung erreichen die nächste Grünfläche mit dem Fahrrad in weniger als dreieinhalb Minuten. Auch deshalb finden sich im urbanen Zentrum des Ruhrgebietes zwischen Duisburg im Westen und Dortmund im Osten viele Möglichkeiten für Wanderungen und Spaziergänge im Grünen, hinauf auf rekultivierte Halden, entlang von Flüssen und Kanälen, in Stadtparks und ehemaligen Landesgartenschauarealen.

Geografie

Allein das Stadtgebiet von Essen, der Kapitale des westlichen Ruhrgebiets, erstreckt sich von den Höhen des Bergischen Landes im Süden über die Lössebenen der Hellwegzone bis zur Niederung des Flusses Emscher im Norden; das Stadtgebiet von Duisburg an den Mündungen von Emscher und Ruhr wiederum greift weit auf linksrheinisches Gebiet hinaus.

Während im Süden die teils bewaldeten, teils aussichtsreichen Kuppen des Bergischen Landes in bewegtem Relief bis an das steil geflankte Ruhrtal vorrücken, herrschen weiter nördlich in der Zone des Emscher-Parks Grünanlagen und Gehölze vor. Ganz im Norden erheben sich wiederum die Kuppen der Hohen Mark. Westlich des Rheins prägen Gehölze, Kopfweidenalleen und niedrige eiszeitliche Geestrücken das Tiefland am Niederrhein. Der tiefste Punkt des Ruhrgebiets liegt bei Xanten mit etwa 14 m über NN, der höchste Punkt auf dem Ardeygebirge bei Dortmund mit 273 m (Auf dem Heil).

Flüsse als grüne Adern

Vor allem drei Flüsse prägen das Ruhrgebiet: die Lippe im Norden, die Emscher in der Mitte und die Ruhr im Süden.

Lippe

Der 220 km lange Nebenfluss des Rheins entspringt im Teutoburger Wald, in seinem Unterlauf fließt er durch das nördliche Ruhrgebiet und mündet bei Wesel in den Rhein. Der Fluss bildet die natürliche Grenze zwischen dem südlichen Münsterland und dem nördlichen Ruhrgebiet.

Emscher

Die Emscher, ein 83 km langer rechter Nebenfluss des

DAS RUHRGEBIET

und alles rundherum.

Rheins, entspringt nördlich von Dortmund am Haarstrang auf etwa 147 m. Nur der Haarstrang und das Ardeygebirge trennen sie von der weiter südlich fließenden Ruhr.

Ruhr

Im hochsauerländischen Naturpark Rothaargebirge entspringt die Ruhr auf 670 m im Hang des Ruhrkopfs, um nach 214 km in Duisburg bei Rheinkilometer 780 in den Niederrhein zu münden. Ihre wichtigsten Zuflüsse sind die Möhne, die Lenne und die Volme. Als wichtiger Rohwasserspender für die Brauch- und Trinkwasserversorgung hat die Ruhr eine elementare Bedeutung für das südliche Ruhrgebiet. Die fünf Ruhrstauseen Hengsteysee, Harkortsee, Kemnader Stausee, Baldeneysee und Kettwiger Stausee sowie viele Querbauwerke bestimmen nachhaltig das Abflussgeschehen der Gewässer.

Grüne Lunge Ruhrtal

Die Stauseen der Ruhr sowie die von Burgruinen und Fachwerkorten flankierten, zumeist steilen Berghänge sind das Naherholungsgebiet par excellence für die Bewohner des südlichen Ruhrgebietes. Das höchste Bergland ist das bewaldete Ardeygebirge nördlich der Ruhr. Die stark reliefierte Ruhrzone erstreckt sich von Hagen im Osten über Herdecke bis Witten, Wetter, Süd-Bochum und Hattingen und setzt sich dann im flachen westlichen

Ruhrgebiet fort. Bis zur Einführung der Dampfmaschine 1819 durch den Industriellen Friedrich Harkort, dem „Vater des Ruhrgebietes", war die Ruhr die Seele des von Romantikern verklärten „malerischen" Ruhrtales. In diesem Tal entstand aber auch die älteste Bergbauzone des Ruhrgebiets: Jahrhundertelang wurden die Kohlenflöze an der Erdoberfläche abgegraben, bis die dabei entstandenen Schürfgruben mit Wasser vollliefen. Zu den Anfängen des Bergbaus führt der Bergbauwanderweg Muttental in Witten-Bommern. Später gingen die Bergleute dazu über, in die Hänge leicht ansteigende Stollen zu treiben – ansteigend, damit das einsickernde Wasser problemlos wieder auslaufen konnte.

Die Höhen des Ardeygebirges

Das Ardeygebirge mit den Ruinen der Hohensyburg über der Mündung der Lenne markiert im Sandstinrücken „Auf dem Heil" (273 m) oberhalb von Herdecke, die höchste Landmarke des Ruhrgebietes. Der Ruhrhöhenweg führt über das Dach des bewaldeten Bergzuges, der einmalige Ausblicke ins Sauerland und ins Bergische Land bietet; im Ruhrtal am Fuß des Ardeygebirges glitzern die Freizeitseen Hengsteysee und Harkortsee. Hier im Ardeygebirge treffen viele Wanderwege aufeinander; die Hohensyburg über der Lennemündung ist eine der bedeutendsten Burgruinen Westfalens. Südlich des Mittelgebirges liegen Schwerte, Herdecke, Wetter und Witten, die Nordabdachung erstreckt sich zum großen Teil auf Dortmunder Gebiet.

Vom Pott zur Kulturmetropole

In den Hochzeiten des Kohlebergbaus arbeiteten bis zu 600.000 Kumpel im Revier – sie leisteten Schwerarbeit. Die Bergleute holten die Kohle aus der Erde, aus der in der Kokerei Koks gebrannt

DAS RUHRGEBIET

und alles rundherum.

wurde, mit dem man dann wiederum im Hochofen Stahl erzeugen konnte.

„Schicht im Schacht" war am 18. Dezember 2018, damals wurde die letzte aktive Zeche des Ruhrgebiets, die Zeche Auguste Victoria des Bergwerks Prosper Haniel in Bottrop, feierlich geschlossen. Damit gingen 200 Jahre deutscher Industriegeschichte zu Ende. Das Ende war abzusehen gewesen und so hat die Region aus der Not eine Tugend gemacht und für viele ihrer Industriedenkmäler eine neue Nutzung gefunden.

Die Zeche Zollverein (Tour 12) steht exemplarisch für diesen Wandel: Das von der UNESCO zum Weltkulturerbe ernannte Zechenareal wird heute auf vielfältige Weise genutzt und zählt zu den größten Attraktionen des Ruhrgebiets. Gleiches gilt auch für den Landschaftspark Duisburg-Nord (Tour 33) – ein bedeutender Touristenmagnet und eine beliebte Event-Location – sowie für den Gasometer Oberhausen, in dem immer wieder außergewöhnliche Ausstellungen gezeigt werden.

Ebenfalls als UNESCO-Kulturerbe geadelt ist die Zeche Zollern (Tour 11) – sie wird aufgrund ihrer schönen Architektur auch als „Kathedrale der Arbeit" oder als „Schloss der Arbeit" bezeichnet.

LWL FREILICHTMUSEUM HAGEN

1. April - 31. Oktober

Sie sind gerne in der Natur unterwegs und interessieren sich für Geschichte?
Dann besuchen Sie uns.

www.lwl-freilichtmuseum-hagen.de
Mäckingerbach
58091 Hagen

Für die Menschen.
Für Westfalen-Lippe.

RUHRGEBIET DIGITAL ENTDECKEN Mit der Perspektivwechsel–App in vier Erlebnisräume eintauchen und direkt vor Ort Geschichten aus dem Arbeits- und Alltagsleben hören. Brandneu in Duisburg-Ruhrort: «Macher & Malocher» entführt in die Zeit zwischen 1850 und 1957 — auf einem 3,5 km langen Pfad verschiedenste Charaktere begleiten, ihre Lebensgeschichte(n) hören und das Revier aus ganz neuen Blickwinkeln entdecken. Zu Fuß und per Rad – eine einzigartige Abenteuer-Zeitreise in die Vergangenheit! Alle Infos, Routen und die App gibt es direkt hier →
industriekultur.guide

RUHR
ORT
route·**industriekultur**·
HAUT
ER

NAH
EBEN.

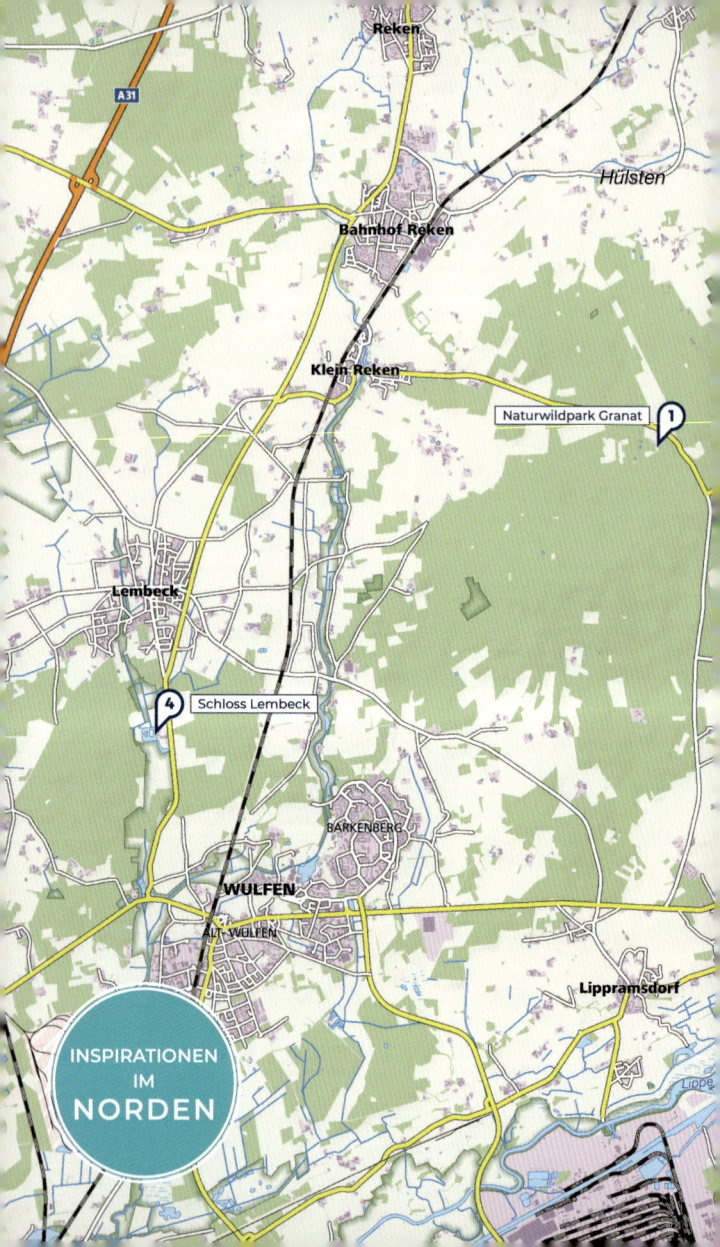

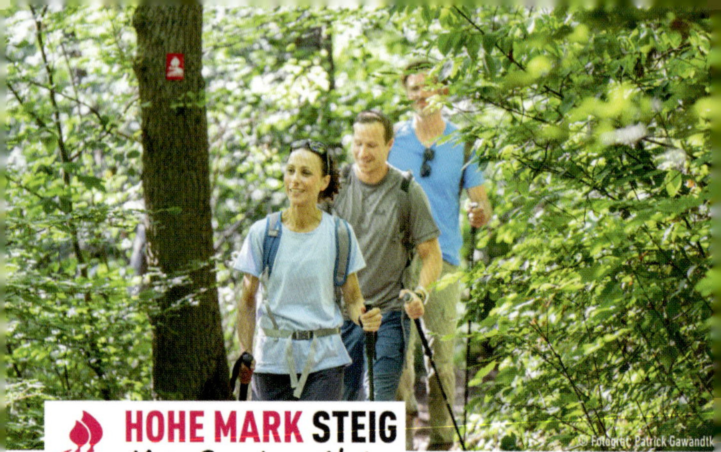

HOHE MARK STEIG
Mein Band zur Natur

Der Hohe Mark Steig ist der perfekte Weg, um auf 140 km den Naturpark Hohe Mark und drei Regionen zu durchstreifen.

Sechs unterschiedliche Etappen und eine Wasserroute lassen die Wanderlust entdecken, Naturschätze sehen und tierische Abenteuer erleben. Im eigenen Rhythmus geht es durch Wald und Feld, an Seen und Auen, durch das Münsterland, den Niederrhein und die nördliche Metropole Ruhr.

Ein Facettenreichtum der schönen Aus- und Weitsichten und ein Erlebnis für alle Sinne - immer wieder. Wer das Erlebnis verlängern möchte, kann das auf den sogenannten LandStreifern, den Rundwanderwegen abseits des Steigs. Die sind immer für eine Überraschung gut.

www.hohe-mark-steig.de

Weitere Informationen und GPX-Tracks zum Download:

© Fotograf: Stefan Bröker

NATURPARK HOHE MARK

NATURWILDPARK GRANAT

Im Naturpark Hohe Mark

- 9,8 km
- 2:30 h
- 161 hm
- 161 hm

TOUREN TIPP

Der über 600.000 m² große Naturwildpark Granrat bietet zahlreichen heimischen, aber auch exotischen Tieren ein Zuhause. Neben Damwild, Wildkatzen, Wölfen und Luchsen wohnen hier sogar einige Känguruhs und entzückende Guanakos.

START: Wanderparkplatz 18 „Hexenbuchen" an der Granatstraße (L170) westlich von Haltern am See. Bushaltestelle „Ketteler Hof" (Wegpunkt 05).

CHARAKTER: Waldwanderung auf sandigen Wegen.

01 Wanderparkplatz 18 „Hexenbuchen", 129 m; 02 Infotafel „Hexenbuchen", 129 m; 03 Wegspinne mit Schutzhütte, 154 m; 04 Wegkreuz, 145 m; 05 Freizeitpark Ketteler Hof, 93 m; 06 Gasthaus Hubertushof Granat, 110 m; 07 Querweg, 124 m; 08 Weggabelung, 122 m; 09 Wegspinne mit Schutzhütte Halterner Heck, 139 m; 10 Weißes Kreuz, 143 m

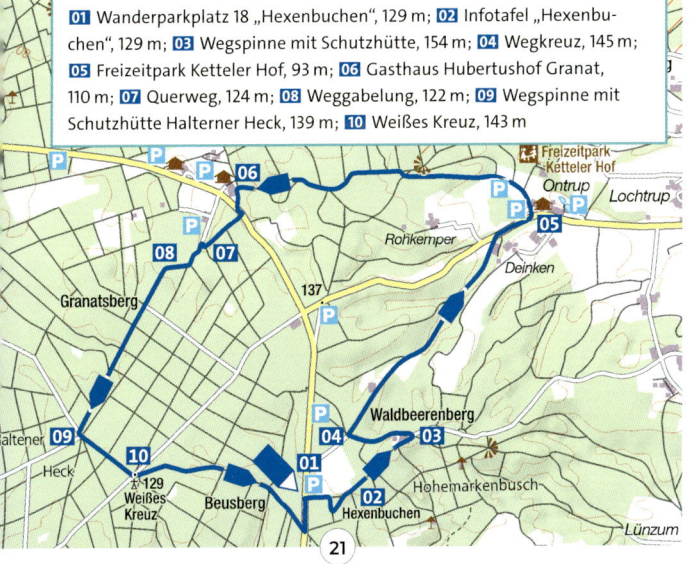

HALTERNER STAUSEE

Im Naturpark Hohe Mark

Der Stausee wurde 1930 durch das Aufstauen von Stever und Mühlenbach geschaffen, heute sichert er mit einer Wasserfläche von 300 ha und einem Stauvolumen von 20 Mio. m³ die Wasserversorgung für über 1 Million Menschen im westlichen Münsterland. Aus diesem Grund ist das Ufer des 3 km langen und 2 km breiten Stausees über weite Strecken eingezäunt. Dennoch sind überraschend viele Freizeitaktivitäten auf dem Stausee und entlang seines Ufers erlaubt: Es gibt Aussichts- und Rastplätze, ein Seebad mit einem 80 m langen Natursandstrand und einen Bootsverleih. Ein elektrisch betriebenes Fahrgastschiff ergänzt das Angebot. Ausdauernde Wanderer können die Runde um den See mit der Wanderung um den Hullerner Stausee kombinieren.

	8,7 km
	2:00 h
	51 hm
	51 hm

TOUREN TIPP

START: Wanderparkplatz „Seebad" an der Hullerner Straße/B 58. Vom STARTpunkt Bahnhof Haltern am See (Roost-Warendin-Platz 1) ist die Wanderung insgesamt 4 km länger.

CHARAKTER: Waldwanderung auf fahrradfähigen Wegen.

01 Haltern am See, Wanderparkplatz „Seebad", 51 m; **02** Biergarten, 46 m; **03** Bootsverleih, 45 m; **04** Wasserterrasse, 44 m; **05** Wegweiser, 47 m; **06** Walzwehr, 42 m

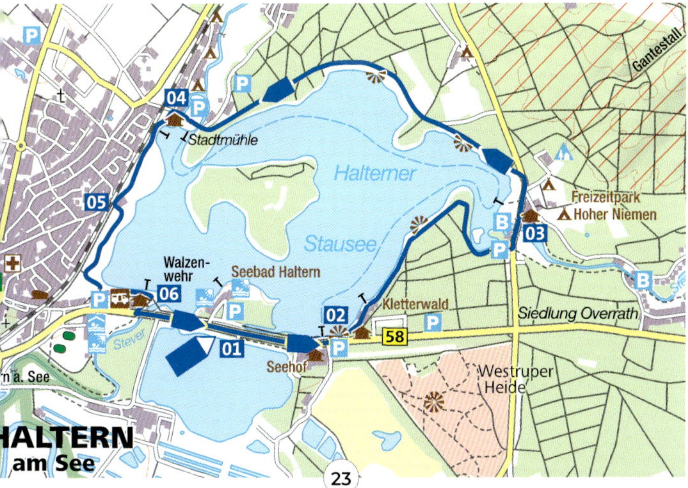

WESTRUPER HEIDE

Im Naturpark Hohe Mark

Die Westruper Heide südöstlich des Halterner Stausees ist mit ihren über 300 bis zu 5 m hoch gewachsenen Wacholdern eines der größten und schönsten Heidegebiete Westfalens. Sie bedeckt rund 66 ha des dünenartig aufgewehten, welligen Sandgebietes zwischen Lippe und Stever. Die schönste Jahreszeit für einen Besuch ist die Zeit von August bis Anfang September: dann verwandeln sich die Heideflächen, in denen zum Teil uralte Kiefern als Solitärbäume stehen, in ein violettes Blütenmeer. Schafe verbeißen Bäume und halten die Heideflächen frei von Verbuschung und Verwaldung. Im Kerngebiet des Naturschutzgebietes wurden vier verschiedenfarbige Themenwege markiert, wir stellen die rote, als Bienenroute gekennzeichnete Runde vor.

- 3,4 km
- 1:00 h
- 22 hm
- 22 hm

TOUREN TIPP

START: Wanderparkplatz Westruper Heide an der Landstraße („Flaesheimer Damm") von Flaesheim zum Halterner Stausee. Bushaltestelle Seehof (bei WP 04).

CHARAKTER: Waldwanderung auf sandigen Wegen. Für das Lesen der Infotafeln und das Lösen der Fragen sollte man rund 30 zusätzliche Minuten einplanen.

---

01 Wanderparkplatz Westruper Heide, 52 m; **02** Heidehäuschen, 49 m; **03** erste Infotafel, 50 m; **04** Wegspinne, 57 m; **05** Schild „Naturschutzgebiet", 56 m; **06** Infotafel „Kulturlandschaft Heide", 45 m; **07** Bank, 46 m

SCHLOSS LEMBECK

Im Naturpark Hohe Mark

Schloss Lembeck im Naturpark Hohe Mark liegt an der Nordgrenze des Ruhrgebietes. Umgeben wird das Schlossareal von den Wäldern „Der Hagen" und „Kippheide". Das eindrucksvolle Wasserschloss wurde ab 1692 auf zwei Inseln gebaut und durch eine große Wassergrabenanlage geschützt. Die Schlossanlage ist ungewöhnlich für die Bauzeit im Barock: Alle Gebäude liegen entlang einer 500 m langen Ost-West-Achse. Von der Straße führt die 200 m lange Schlossallee zum Schloss, das man über zwei Zugbrücken betritt. Im hinteren Schlossgebäude befinden sich das Schloss- und das Heimatmuseum. Im Schlosspark wachsen über 150 verschiedenen Rhododendronarten, die zwischen Mai und Anfang Juni in voller Pracht blühen, im Sommer duften englische Rosen und im Herbst begeistert die Farbenpracht der Laubbäume. Wichtig zu wissen: Der Schlosspark ist nicht immer geöffnet.

- 8,1 km
- 2:00 h
- 72 hm
- 72 hm

TOUREN TIPP

START: Schlosscafé von Schloss Lembeck; Bushaltestelle „Dorsten Lembeck Schloss".

CHARAKTER: Forstwege und Nebenstraßen, teils im Wald, teils aussichtsreich in der Feldflur. Durchgehende Markierung A4.

> **01** Schloss Lembeck, Schlosscafé, 51 m; **02** T-Kreuzung, 70 m; **03** Bäume, 63 m; **04** Bauerschaft Beck, 59 m; **05** Einmündung Straße „Kippheide", 63 m; **06** Kreuzung, 54 m; **07** Markierung am Baum, 64 m

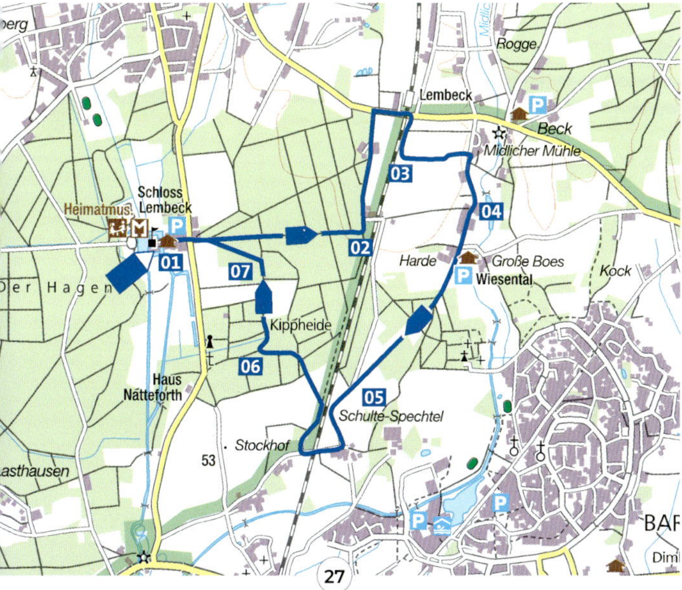

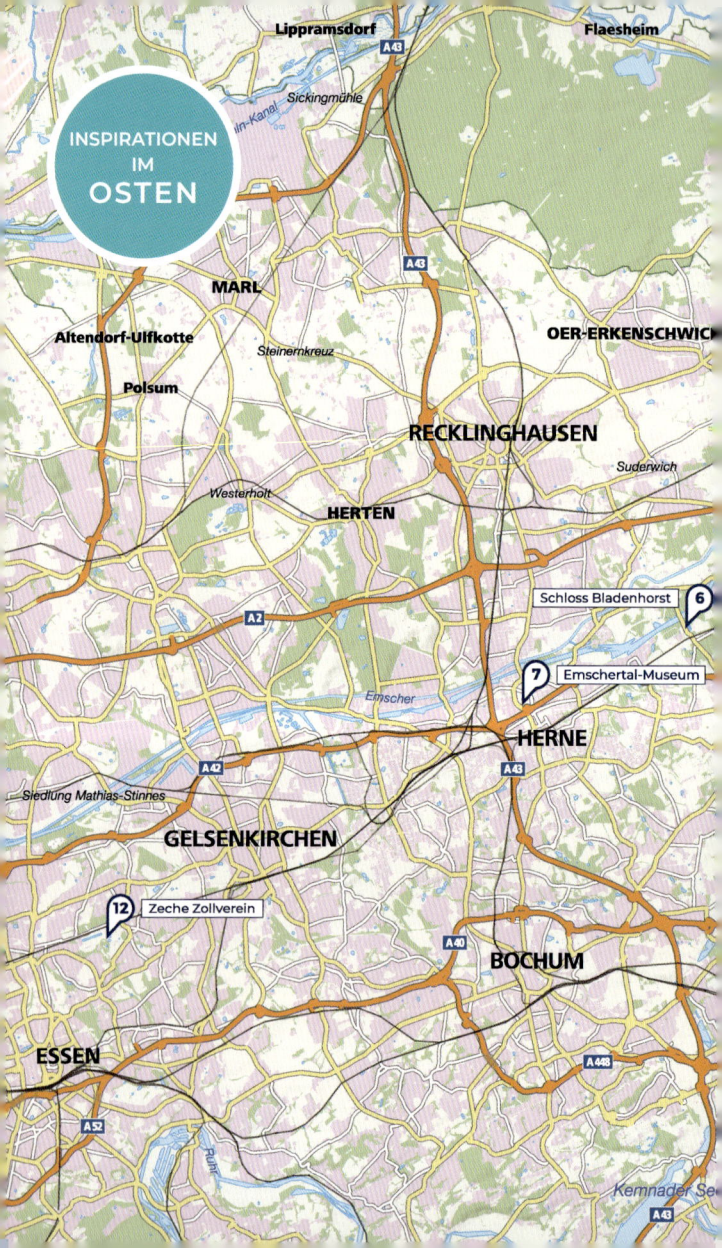

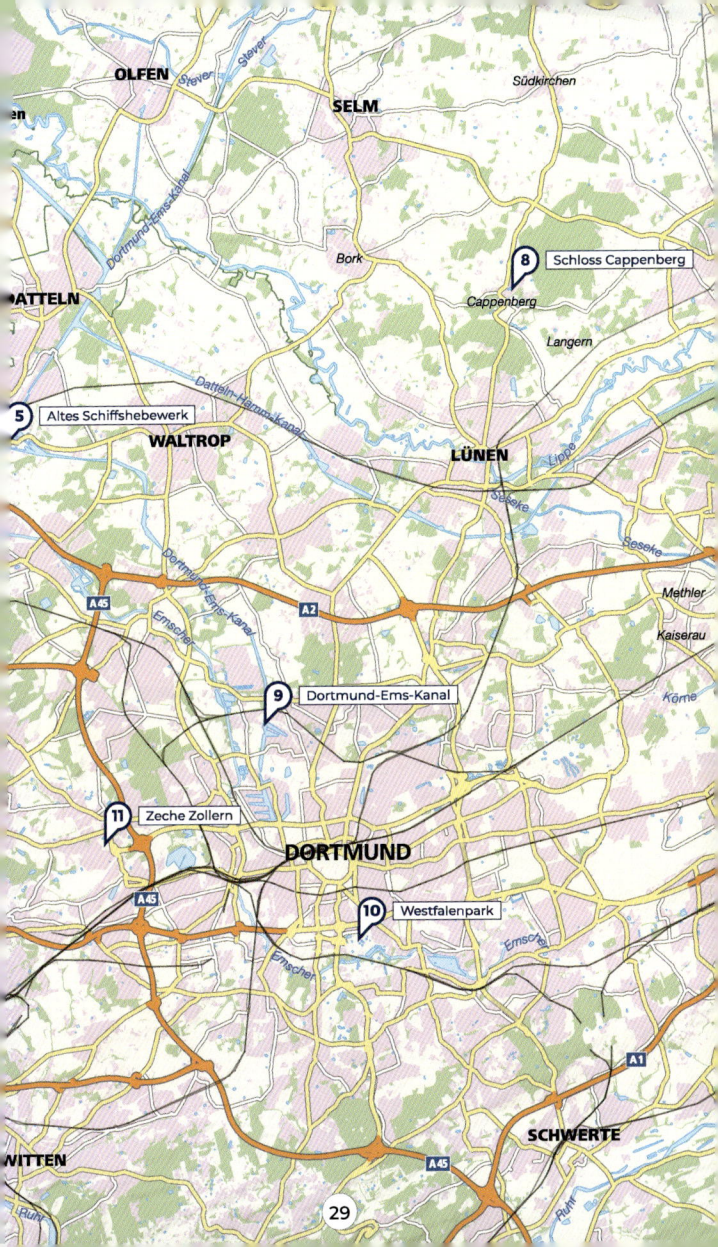

ALTES SCHIFFSHEBEWERK WALTROP

Aufzüge für Schiffe

In nur 5 Jahren wurde das erste (Alte) Schiffshebewerk gebaut, das damals eine meisterhafte Ingenieursleistung war: ein stählerner Aufzug, mit dessen Hilfe Schiffe einen Höhenunterschied von 14 m überwinden konnten. Das Hebewerk erwies sich als kostengünstiger als die zunächst vorgesehene Schleusentreppe mit zwei oder drei Schleusen. Neu war die Technik, für die extra ein Wettbewerb ausgeschrieben wurde. Man entschied sich für ein Schwimmer-Hebewerk, bei dem der Schiffstrog auf fünf luftgefüllten Tauchkörpern (Schwimmern) ruht, die wiederum in fünf wassergefüllte Brunnen eintauchen. Das nach unten drückende Gewicht von gefülltem Trog, Trogstützen und Schwimmern befindet sich im Gleichgewicht mit dem nach oben wirkenden Auftrieb, dessen Kraft sich aus dem Volumen der luftgefüllten Schwimmer ergibt. Schon eine geringe Erhöhung oder Reduzierung der Wassermenge im Trog führte zur Abwärts- oder Aufwärtsbewegung des Trogs. Das zu bewegende Gesamtgewicht betrug etwa 3.100 Tonnen, Schiffe konnten mit bis zu 750 Tonnen Ladung gehoben werden. Bis heute fasziniert die schöne Eisenfachwerkkonstruktion, die 1969 endgültig stillgelegt wurde. Den besten Blick genießt man von der Brücke zwischen den Türmen – auf das historische Areal wie auch auf die gesamte Schleusenanlage.

- 5,6 km
- 1:30 h
- 36 hm
- 36 hm

TOUREN TIPP

START: Waltrop, „Am Hebewerk", Parkplatz am alten Schiffshebewerk Waltrop

CHARAKTER: Einfache Familienwanderung. Achtung: Wer auf der Runde das gebührenpflichtige Museumsareal verlässt, kann dieses nur wieder über den Haupteingang betreten.

> 01 Waltrop, Parkplatz, 66 m;
> 02 Kesselhaus und Altes Schiffshebewerk, 67 m;
> 03 Alte Schachtschleuse, 62 m;
> 04 Neue Schleuse, 59 m;
> 05 Neues Schiffshebewerk, 64 m;
> 06 Fußgängersteg, 72 m

SCHLOSS BLADENHORST

Zeitreise in die Geschichte

Das hübsche Wasserschloss besteht aus mehreren, von einer komplett erhaltenen Gräfte umgebenen Gebäuden: Neben dem dreiflügeligen Schlossgebäude im Stil der Spätrenaissance gibt es im Süden ein Torhaus (ältester Teil), im Südwesten einen Wehrturm, im Südosten ein Taubenhäuschen und im Norden ein Gräftenhaus. Das Schloss stammt aus den Jahren des Umbaus von 1530 bis 1584 und ist ein Teil des Landschaftsparks Bladenhorst, der nach dem Vorbild englischer Landschaftsgärten angelegt wurde.

Im Rittersaal oder im Schlossinnenhof werden regelmäßig Veranstaltungen wie Lesungen, Konzerte, Vorträge, Dinner-Events, sowie Wein- und Sommerfeste organisiert. Jedes Jahr im September öffnet das Schloss seine Tore für Besucher anlässlich des Tag des offenen Denkmals.

- 12,7 km
- 3:20 h
- 62 hm
- 62 hm

TOUREN TIPP

START: Castrop-Rauxel, Schloss Bladenhorst, Parkplatz an der Straße „Westring". Bus-Haltestelle „Teutoburgia" (Einstieg nach Wegpunkt 04).

CHARAKTER: Einfache, fahrradtaugliche Wanderung, großteils auf Teerstraßen.

01 Schloss Bladenhorst, Parkplatz, 60 m; **02** Abzweig Biotop, 55 m; **03** Bahnübergang, 59 m; **04** Kunstwald Teutoburgia, 67 m; **05** Abzweig Dorfstraße, 55 m; **06** Abzweig zur Hindenburgstraße, 55 m; **07** Bahntrasse, 47 m; **08** Zufahrtsstraße zum Kanal, 58 m; **09** Schleuse Herne Ost, 49 m; **10** Begehbarer Steg, 57 m; **11** Bladenhorst-Brücke, 55 m

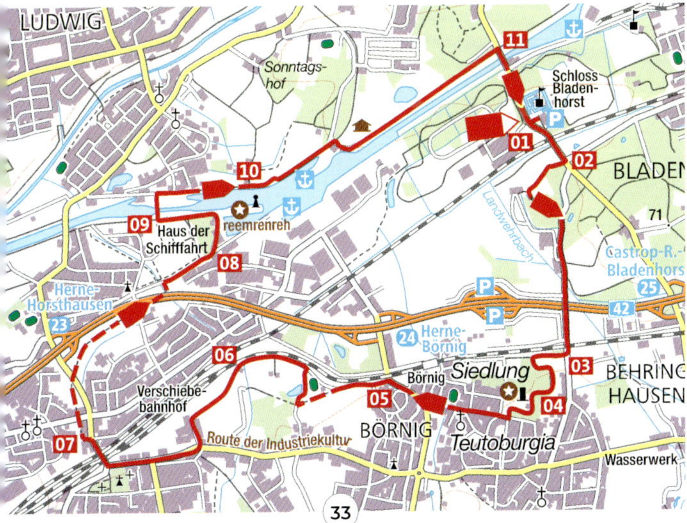

DAS EMSCHERTAL-MUSEUM

in Schloss Strünkede

Das von einem Park umgebene Wasserschloss Strünkede beherbergt das Emschertal-Museum der Stadt Herne mit Exponaten zur Regionalgeschichte und Volkskunde des nördlichen Ruhrgebiets. Benannt ist die ursprünglich auf zwei Inseln errichtete, 1664 vollendete Renaissanceanlage nach den 1142 erstmals erwähnten Herren von Strünkede, die hier bis 1742 residierten. In der ehemaligen Schlossmühle ist ein Café untergebracht.

- 11,8 km
- 3:05 h
- 53 hm
- 80 hm

TOUREN TIPP

START: Bahnhof Herne oder Parkplatz am Schloss Strünkede.

CHARAKTER: Meist geteerte, radfähige Wege.

01 Bahnhof Herne, 59 m; **02** Wasserschloss Strünkede, 51 m; **03** Kleingartenanlage, 50 m; **04** Straßenbrücke, 47 m; **05** Schleuse Wanne-Eickel, 36 m; **06** Heimatmuseum Unser Fritz, 36 m; **07** Steinmeister's Biergarten Oskar am Kanal, 36 m; **08** Naturschutzgebiet Resser Wäldchen, 39 m; **09** ZOOM-Brücke, 41 m; **10** Haupteingang ZOOM Erlebniswelt, 37 m; **11** S-Bahnstation „ZOOM Erlebniswelt", 32 m

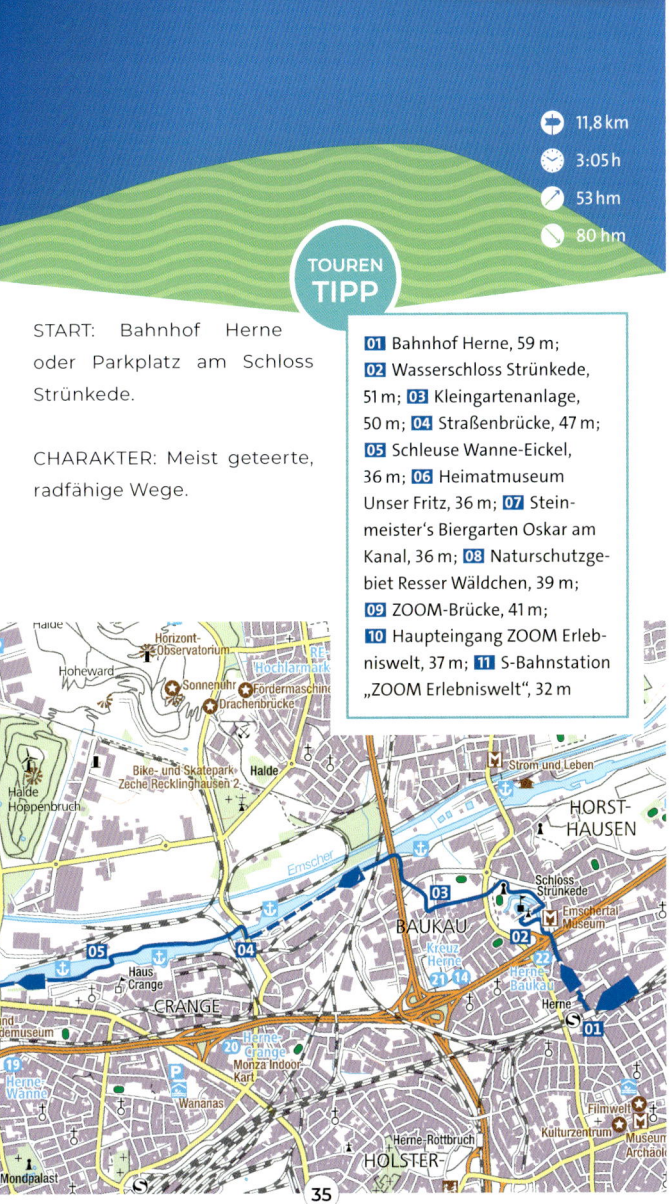

SCHLOSS CAPPENBERG

Kreis Unna

- 5,9 km
- 1:30 h
- 51 hm
- 51 hm

Schloss Cappenberg war eines der bedeutendsten und einflussreichsten Klöster Westfalens. Das jetzige Schloss wurde als Propstei des Klosters 1708 als barocke Dreiflügelanlage erbaut, im Mittelflügel präsentieren der Kreis Unna und die Stiftung Preußischer Kulturbesitz überregional beachtete Wechselausstellungen. Umgeben ist Schloss Cappenberg von ausgedehnten Wäldern, der gleichnamige Wildpark ist ein englischer Landschaftspark mit altem Baumbestand und zahlreichen Fischteichen.

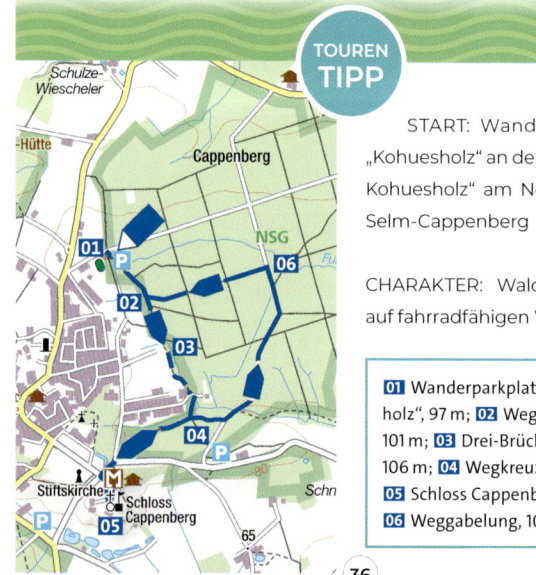

TOUREN TIPP

START: Wanderparkplatz „Kohuesholz" an der Straße „Am Kohuesholz" am Nordrand von Selm-Cappenberg

CHARAKTER: Waldwanderung auf fahrradfähigen Wegen.

01 Wanderparkplatz „Kohuesholz", 97 m; 02 Weggabelung, 101 m; 03 Drei-Brücken-Weg, 106 m; 04 Wegkreuzung, 97 m; 05 Schloss Cappenberg, 114 m; 06 Weggabelung, 103 m

MUSEUM
HAUS **OPHERDICKE**

KREIS **UNNA**

UNGEHEUER VIELSEITIG

Wandern, Radfahren und Verweilen
www.kreis-unna.de/erleben

Erleben Sie den Skulpturenpark, Kunstausstellungen, Konzerte und Lesungen in einem malerischen Ambiente.

www.museum-haus-opherdicke.de

DORTMUND-EMS-KANAL

Durch den Fredenbaumpark zum Kanal

Der 265 km lange Dortmund-Ems-Kanal (DEK) verbindet Dortmund mit der Seehafenstadt Emden; 15 Schleusen gleichen unterwegs die Höhenunterschiede aus. Erbaut wurde er innerhalb von sieben Jahren. Im August 1899 erfolgte die feierliche Eröffnung durch Kaiser Wilhelm II. Der Kanal diente der Entlastung der Eisenbahn und zur Vereinfachung des Kohletransports aus dem Ruhrgebiet zur Nordsee. Man erhoffte sich damals, dadurch die Wettbewerbsfähigkeit steigern zu können. Neben wirtschaftlichen Erfordernissen erfüllt der fast durchgehend zwischen Wäldern und Wiesen verlaufende Kanal heute vor allem Freizeitfunktionen: Ausflugsschiffe, Jachten und Bootswanderer nutzen den Kanal, der auch ein beliebtes Angelgewässer ist und von zahlreichen Campingplätzen und Sportboothäfen flankiert wird. Die auto- und straßenkreuzungsfreien Uferwege sind hervorragende Fuß- und Radwanderwege.

- 13,9 km
- 2:30 h
- 62 hm
- 62 hm

TOUREN TIPP

START: Dortmund, Südeingang Fredenbaumpark. U-Bahnstation „Fredenbaum" an der B 54 im Dortmunder Norden. Parkplätze am Naturkundemuseum, gegenüber vom Depot an der Immermannstraße sowie am Ende der Schützenstraße

CHARAKTER: Park-, Wald- und Kanaluferwanderung auf meist fahrradfähigen Wegen.

> **01** Dortmund, Südeingang Fredenbaumpark, 71 m; **02** Teich, 73 m; **03** Bahnübergang, 79 m; **04** Freibad Hardenberg, 70 m; **05** Ellinghauser Brücke, 73 m; **06** Schieringhausen, Brücke, 72 m

WESTFALENPARK

Parkwanderung in der Metrople Westfalens

In dem allseits beliebten Landschafts-, Erholungs-, Event-, Kunst- und Freizeitpark finden von Frühjahr bis Herbst jedes Wochenende kostenlose Themenführungen statt (Baumführungen, Rosenführungen usw.). Angelegt wurde der Park anlässlich der Bundesgartenschau 1959 auf dem Gelände des Kaiser-Wilhelm-Hains und der Buschmühle, 1972 wurde das Deutsche Rosarium eröffnet. Sein „Rosenweg" präsentiert mehr als 3.000 verschiedene Sorten und Arten und ermöglicht Abstecher zu allen Sehenswürdigkeiten des Parks. Im Südosten der Anlage befinden sich der nach paläobotanischen Gesichtspunkten angelegte Geologische Garten und das Naturschutzhaus. Ein Wahrzeichen Dortmunds ist der 220 m hohe Florianturm (Fernsehturm), dessen Panoramarestaurant einen exzellenten Blick über den Park und die Stadt sowie bis zu den Höhen des Sauerlandes und des Bergischen Landes gewährt.

- 8,1 km
- 2:10 h
- 71 hm
- 71 hm

TOUREN TIPP

START: Dortmund, (gebührenpflichtiger) Parkplatz F2 „An der Buschmühle"; Eingang „Blütengärten" im Westen des Westfalenparks. Der U-Bahnhof „Westfalenpark" liegt nördlich der Parkplätze

CHARAKTER: Bequeme Park-, Kleingarten- und Promenaden-Wanderung, alle Wege sind fahrradtauglich.

01 Westfalenpark, Eingang „Blütengärten", 111 m; **02** Westfalenpark, Eingang „An der Buschmühle", 97 m; **03** Abzweig links, 95 m; **04** Stufenanlage, 101 m; **05** Rombergpark Nordeingang, 102 m; **06** Tierpark Dortmund, 98 m; **07** Rombergpark, Bildungsforum Schule, 111 m; **08** Abzweig „Klüsenerskamp", 118 m; **09** WDR Studio Dortmund, 102 m; **10** Rad- und Fußweg, 94 m

ZECHE ZOLLERN

Ein „Schloss der Arbeit" und ein Wasserschloss

Die Zeche Zollern zählt zu den schönsten und architektonisch bemerkenswertesten Bergwerksanlagen des Ruhrgebietes, sie begeistert Architekturinteressierte ebenso wie Technikfans. Steht man innen vor dem Zechentor, blickt man auf einen großen, baumbestandenen Platz und staunt, denn der vordere Bereich der Tagesanlagen erinnert eher an eine dreiflügelige barocke Schlossanlage im Stil des Historismus als an eine Zeche. So wundert es nicht, dass die Zeche auch als „Schloss der Arbeit" bezeichnet wird. Die Architekten hatten sich bei ihren Entwürfen an der norddeutschen Backsteingotik orientiert und die rote Ziegelmauerfassade mit Formsteinen, Zierverbänden und hellen Putzfeldern aufgelockert.

- 9,9 km
- 2:30 h
- 104 hm
- 104 hm

TOUREN TIPP

START: Dortmund, Rhader Weg, Parkplatz der Zeche Zollern. Bushaltestelle „Industriemuseum Zollern".

CHARAKTER: Abwechslungsreiche Wanderung durchs Grüne.

01 Zeche Zollern, Besucherparkplatz, 130 m; **02** T-Kreuzung, 107 m; **03** Wasserschloss Haus Dellwig, 91 m; **04** erste Straße rechts, 96 m; **05** Weggabelung, 118 m; **06** Wohnhaus, 133 m; **07** Bövinghauser Straße, 115 m; **08** Bahnübergang, 119 m

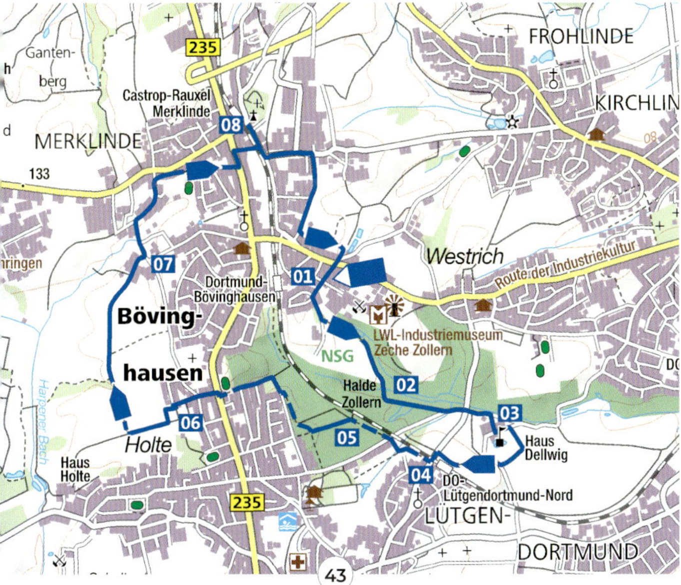

ZECHE ZOLLVEREIN

Auf der Ringpromenade um das Industriedenkmal

Hier im Norden von Essen wurde vor 170 Jahren Industrie- und Wirtschaftsgeschichte geschrieben: Franz Haniel, Unternehmer und Industriepionier, ließ 1847 den ersten Schacht abteufen. Da die Fettkohlenvorräte groß waren, kamen in den folgenden 60 Jahren immer neue Schächte hinzu. Als letzte Schachtanlage wurde 1932 die Schachtanlage XII eingeweiht, ihr 55 m hohes Fördergerüst wurde zum Sinnbild für eine komplett durchrationalisierte Schachtanlage. Das Bergwerk war seinerzeit das größte und leistungsfähigste weltweit, 1972 erreichte man eine Tiefe von 1.000 m, täglich wurden über 23.000 t Rohkohle gefördert – das entsprach damals der vierfachen Menge einer durchschnittlichen Revierzeche. Zwischen 1851 und 1986 arbeiteten über 600.000 Menschen auf Zollverein. Wer ältere Zechen wie etwa die Zeche Zollern besucht, wird allein an der Architektur den Unterschied sehen: Zwei damals junge Architekten – Fritz Schupp (1896–1974) und Martin Kremmer (1894–1945) – entwarfen und bauten ein technisches Meisterwerk der Moderne, mit einem hohen Anspruch an die Ästhetik. Ebenfalls im neusachlichen Stil wurde zwischen 1957 und 1961 von Fritz Schupp die Kokerei Zollverein gebaut. Noch im Jahr der Schließung wurde die gesamte Zechenanlage zusammen mit der Kokerei unter Denkmalschutz gestellt. Der Masterplan für die Umgestaltung des Standorts zu einem Kultur- und Wirtschaftsstandort war ein Erfolg: Die Zeche zählt bei auswärtigen Besuchern wie Einheimischen zu den attraktivsten Freizeitzielen der Metropolregion.

3,2 km
1:05 h
21 hm
21 hm

TOUREN TIPP

START: Parkplatz A1 im Süden der Zechenanlage, Fritz-Schupp-Allee. Bushaltestelle „Zollverein“.

CHARAKTER: Einfache Wanderung auf geteerten Wegen.

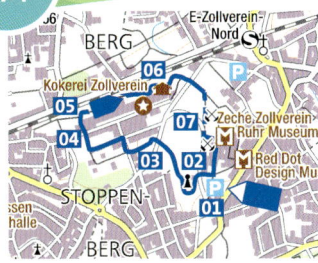

01 Parkplatz A1, 61 m; 02 Ruhrmuseum in der Kohlenwäsche, 52 m; 03 Ventilatorenkühler, 51 m; 04 Kamin, 51 m; 05 „Treppe ins Nichts“, 48 m; 06 Haltestelle „Kokerei Zollverein“, 50 m; 07 Fördermaschine, 46 m

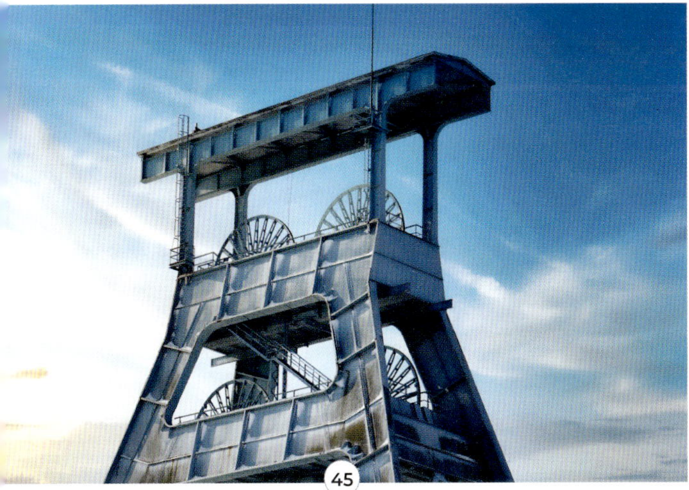

HAMMERTEICH UND HOHENSTEIN

Zum Aussichtsturm auf dem Hohenstein

Der „Hohenstein" ist der am weitesten nach Westen vorspringende Ausläufer des Ardeygebirges und ein beliebtes Naherholungsgebiet vor allem für Familien. Hier finden sie viele Möglichkeiten zum Spielen, ein Wildgehege und dazu ein Netz an Wanderwegen. Neben dem Berger-Denkmal wurde eine weitläufige Spielwiese angelegt. Der Hammerteich erinnert an eine frühindustrielle Hammerschmiede, für die 1722 der Teich aufgestaut wurde. Das Hammerwerk ging aber schon 1741 wieder in Konkurs. Durch Verschlammung ist der Hammerteich in den letzten Jahrzehnten um ein Viertel geschrumpft.

- 4,4 km
- 1:50 h
- 50 hm
- 50 hm

TOUREN TIPP

START: Witten, Wanderparkplatz Hammerteich an der Straße „Am Hammerteich"; Bushaltestelle „Haus Witten" (an der Ruhrstraße) – von dort läuft man 1 km zum Hammerteich (WP 2)

CHARAKTER: Familienfreundliche Wanderung auf Waldwegen.

01 Wanderparkplatz Hammerteich, 100 m; **02** Weg von links, 112 m; **03** Weggabelung, 119 m; **04** Wildschweingehege, 148 m; **05** Weggabelung, 173 m; **06** Aussichtskanzel, 141 m; **07** Weggabelung, 147 m; **08** Berger-Denkmal, 138 m; **09** Teerstraße, 137 m

BERGBAUWANDERWEG MUTTENTAL

Die Wiege des Ruhrbergbaus

Das romantische Tal des Muttenbachs, ein unscheinbarer Zufluss der Ruhr südlich von Witten, ist vermutlich der erste Fundort von Kohle im Ruhrrevier. Hier wurde in kleinen, teils winzigen Zechen Kohle gefördert. Der vielbegangene Bergbauwanderweg verbindet die erhaltenen Zeugnisse und zeigt rekonstruierte Objekte des frühen Bergbaus – am Weg liegen aber auch die Ruine Hardenstein, das Industriemuseum Zeche Nachtigall, das Gruben- und Feldbahnmuseum Zeche Theresia sowie Schloss Steinhausen. Neben dem Parkplatz befand sich das ehemalige Zwangsarbeiterlager Nachtigallstraße: Hier lebten 90 Insassen eines Arbeitslagers der Firma A. Bredt & Co., die Schaufeln und Eisenwaren herstellte.

- 8,4 km
- 2:35 h
- 181 hm
- 181 hm

TOUREN TIPP

START: Witten-Bommern, Parkplatz Schloss Steinhausen an der Abzweigung der Zufahrt „Auf Steinhausen" von der Nachtigallstraße. Bushaltestelle „Witten-Bommern Bahnhof".

CHARAKTER: Idyllische Wiesen- und Laubwaldwanderung, passagenweise sehr steil.

01 Parkplatz, 94 m; 02 Schloss Steinhausen, 107 m; 03 Bethaus der Bergleute, 103 m; 04 Kohleverladestelle, 120 m; 05 Brücke, 139 m; 06 Wegkreuzung, 143 m; 07 Göpelhaus, 167 m; 08 Gaststätte „Zur Alten Tür", 183 m; 09 Ruine Hardenstein, 93 m; 10 Museum Zeche Nachtigall, 85 m

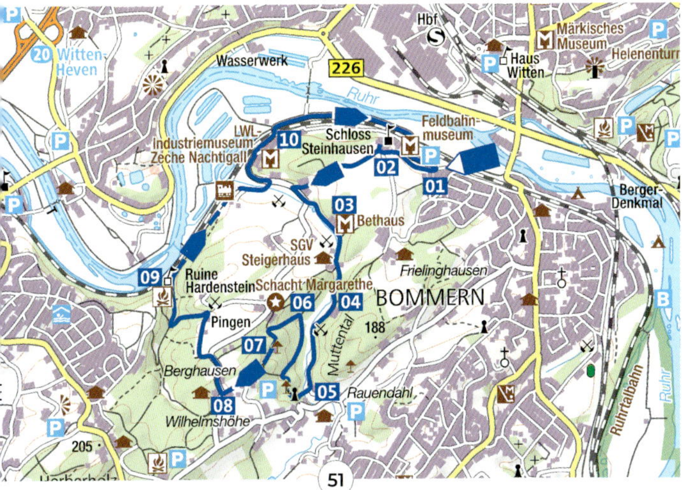

WASSERBURG HAUS KEMNADE

15

Rund um den beliebten Freizeitsee

Das von einem Wassergraben (Gräfte) umgebene Haus Kemnade zählt zu den besterhaltenen des Ruhrtals. Bis Ende des 15. Jh. stand die Burg am Rand von Stiepel auf der nördlichen Ruhrseite – nach einem Hochwasser 1486 änderte die Ruhr jedoch ihren Lauf – plötzlich waren Burg und Dorf durch den Fluss getrennt. Stiepel wurde jedoch weiter vom Haus Kemnade aus regiert, da hier der Sitz der Gerichts- und Patronatsherren von Stiepel war. Ihr heutiges Aussehen erhielt die Burg zwischen 1602 und 1704; 1780 wurde der Wassergraben angelegt. Die Innenräume und die gotische Kapelle sind ebenfalls sehenswert. Zwei Privatsammlungen haben hier einen würdigen Rahmen erhalten. Ein Bauernmuseum zeigt in einem Fachwerkhaus Exponate zum bäuerlichen Alltag im 18. und 19. Jh. Die Museen im Haus Kemnade gehören zum Kunstmuseum Bochum.
www.kunstmuseum-bochum.de

- 9,9 km
- 2:30 h
- 113 hm
- 113 hm

TOUREN TIPP

START: Hattingen, Haus Kemnade, Parkplätze an der Straße „An der Kemnade" 10, Bushaltestelle „Hattingen Haus Kemnade"

CHARAKTER: Landschaftlich schöne Seeumrundung auf radfähigen Promenaden.

01 Parkplatz Haus Kemnade, 73 m; 02 Ruhrbrücke, 73 m; 03 Haus Oveney, 87 m; 04 Ehem. Zeche Vereinigte Gibraltar Erbstollen, 91 m; 05 Hafen Heveney, 79 m; 06 Metallbrücke, 77 m; 07 Fußgängersteg, 79 m

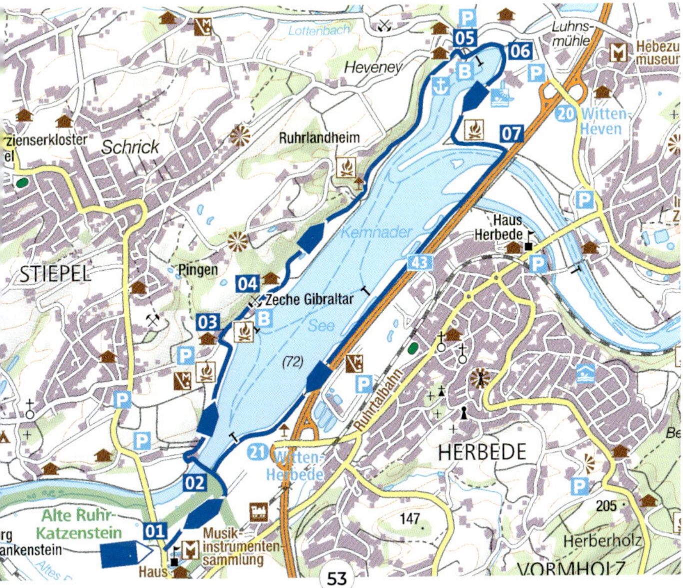

HENGSTEYSEE

Der älteste Ruhrstausee

Der Hengsteysee ist nach dem Stausee Hengsen der zweite der sechs Stauseen der Ruhr und beginnt etwa 1 km unterhalb der Mündung der Lenne in die Ruhr. Zu Füßen des Ardeygebirges und mit exzellenten Blicken hinauf zur Hohensyburg leitet diese Wanderung auf fahrradfähigen Wegen rund um den Hengsteysee, dem ältesten Stausee der Ruhr. Heute ist der See ein beliebtes Naherholungsgebiet – unmittelbar nördlich des Stausees beginnt das Stadtgebiet von Dortmund, entsprechend viel frequentiert ist die Promenade an den Wochenenden und in den Ferienzeiten.

- 8,6 km
- 2:00 h
- 20 hm
- 20 hm

TOUREN TIPP

START: Hagen, Wanderparkplatz Hengsteysee an der Dortmunder Straße. Bushaltestelle „Hengsteysee" in der Dortmunder Straße.

CHARAKTER: Fahrradfähige Promenaden und Teerstraßen. Wer die Wanderung abkürzen will, kann in den Sommermonaten mit dem Ausflugsschiff vom Westende des Sees bzw. vom Freibad Hengstey aus zur „Insel Hohensyburg" zurückfahren (www.personenschifffahrt-hengsteysee.de).

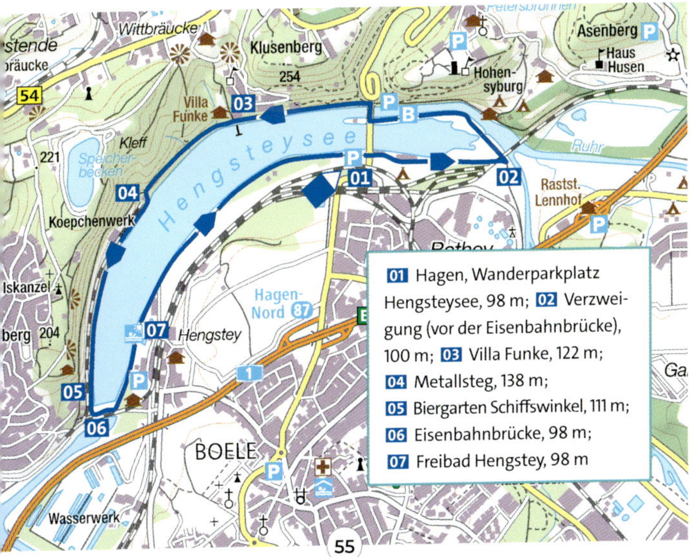

01 Hagen, Wanderparkplatz Hengsteysee, 98 m; **02** Verzweigung (vor der Eisenbahnbrücke), 100 m; **03** Villa Funke, 122 m; **04** Metallsteg, 138 m; **05** Biergarten Schiffswinkel, 111 m; **06** Eisenbahnbrücke, 98 m; **07** Freibad Hengstey, 98 m

DAS ARDEYGEBIRGE

Bergrücken im Ruhrtal

Mit sanften Hügeln und bewaldeten Regionen bietet das Ardeygebirge eine malerische Landschaft für Wanderer und Naturliebhaber. Es erstreckt sich entlang des südlichen Ruhrtals und bildet eine natürliche Grenze zwischen dem Ruhrgebiet und dem Münsterland. Der Naturpark Ardeygebirge bietet zahlreiche Wanderwege, Aussichtspunkte und Möglichkeiten für Outdoor-Aktivitäten. Historisch war diese Region durch den Bergbau geprägt, aber heute steht sie für Erholung, Natur und Freizeitaktivitäten in einer reizvollen Umgebung.

- 6,6 km
- 1:50 h
- 205 hm
- 205 hm

TOUREN TIPP

01 Parkplatz Freizeitgelände Bleichstein, 104 m; **02** Walzenwerk, 122 m; **03** Parkplatz, 121 m; **04** Weggabelung, 157 m; **05** Weggabelung „Am Klusenberg", 190 m; **06** Haarnadelkurve, 206 m; **07** T-Kreuzung „Im Kleff", 196 m; **08** T-Kreuzung „Wittbräucker Waldweg", 226 m; **09** Schranke, 219 m; **10** Aussichtspunkt „Teufelskanzel", 225 m; **11** Aussichtspunkt „Seeblick", 207 m; **12** Wohnstraße „Am Sonnenstein", 160 m

START: Herdecke, Freizeitgelände Bleichstein, Parkplatz an der Hengsteyseestraße 26; Bushaltestelle „Friedrich-Hartkort-Gymnasium"

CHARAKTER: Wald- und Aussichtswanderung auf meist bequemen Wegen und der geteerten Seeuferpromenade.

Wer nicht gern auf der Teerstraße entlang des Nordufers wandern möchte, kann mit dem Schiff bis zum Anleger „Seeschlösschen" bzw. zur Haltestelle „Hohensyburg Insel" fahren.

WASSERSCHLOSS WERDRINGEN

Museum für Ur- und Frühgeschichte

Das Wasserschloss birgt ein Museum, das die Entwicklung des Lebens und die Siedlungsgeschichte in Südwestfalen über die letzten 450 Mio. Jahre dokumentiert. Ein Aspekt für die Entscheidung genau für diesen Standort waren die zahlreichen paläontologischen, archäologischen und historischen Denkmäler, die in der näheren Umgebung der Burganlage gefunden wurden. Dazu zählen etwa die Steinzeitfunde aus der Blätterhöhle und die im ehemaligen Steinbruch Hagen-Vorhalle (Nationales Geotop) gefundenen weltweit ältesten bekannten Fluginsekten der Erdgeschichte – diese lebten vor rund 319 Mio. Jahren im Karbon. Das im 13./14. Jh. errichtete „Herrenhaus" mit schönem Stufengiebel sowie die Remise sind noch weitgehend unverändert erhalten geblieben.

www.hagen.de/irj/portal/FB-WasserschlossWerdringen

- 5 km
- 1:40 h
- 108 hm
- 108 hm

TOUREN TIPP

START: Hagen-Vorhalle; Parkplätze beim Schloss Werdringen: Bushaltestelle „Hagen Wasserschloss Werdringen".

CHARAKTER: Einfache, aber abwechslungs- und lehrreiche Wanderung über den Kaisberg zum Ruhrufer.

01 Parkplätze beim Wasserschloss Werdringen, 114 m; **02** Kreuzung, Abzweig in den Wald, 150 m; **03** Freiherr-vom-Stein-Turm, 184 m; **04** Feld, 156 m; **05** Fossiler Baumstamm, 172 m; **06** Schild „Naturschutzgebiet", 149 m; **07** Infotafel „Wasser", 97 m; **08** Ruhrufer, 91 m; **09** Yachtschule Harkortsee, 89 m; **10** Burghof, 105 m

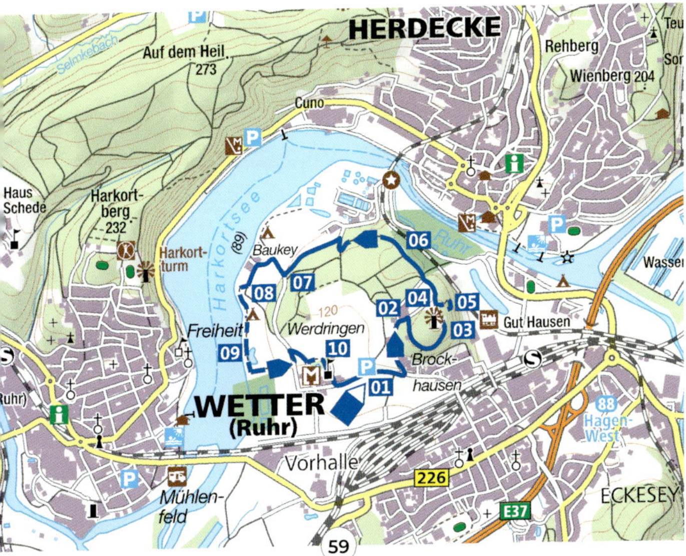

DER HARKORTTURM

Traumaussicht im Ardeygebirge

Der Harkortturm ist ein markantes Wahrzeichen im Ardeygebirge: Er wurde im Jahr 1884 auf dem Harkortberg im Gedenken an Friedrich Harkort erbaut. Mit einer Höhe von rund 35 Metern bietet der Turm eine Aussichtsplattform, von der aus man einen Panoramablick auf das Ruhrtal und die umliegenden Wälder hat. Der Harkortturm ist nicht nur ein historisches Bauwerk, sondern auch ein Ort, der Wanderer, Naturliebhaber und Geschichtsinteressierte gleichermaßen anzieht.

- 7 km
- 2:10 h
- 202 hm
- 202 hm

TOUREN TIPP

START: Wetter (Ruhr), Parkplatz an der Gustav-Vorsteher Straße beim Freibad. Bushaltestelle „Harkortsee" in der Wilhelmstraße.

CHARAKTER: Abwechslungsreiche, zum Teil steile Aussichts- und Waldwanderung, auf den ersten 1,4 km durch Wohn- und Einkaufsstraßen in Wetter.

---

01 Parkplatz am Naturbad , 103 m; **02** Kreisverkehr, 101 m; **03** Villa Bönnhoff, 101 m; **04** Weggabelung, 176 m; **05** Schnodderbach, 193 m; **06** Weggabelung, 248 m; **07** Weggabelung „Frauenwiese", 212 m; **08** Gabelung, 230 m; **09** Aussichtsturm, 228 m; **10** Harkortturm, 209 m; **11** Ehrenmal und Aussichtspunkt, 174 m; **12** Burg Wetter, 129 m

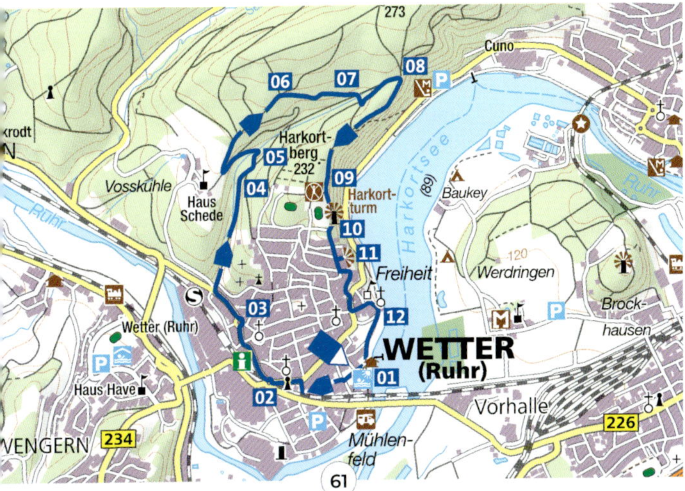

SCHLOSS HOHENLIMBURG

Zu einer der schönsten Mittelalterburgen Westfalens

Schloss Hohenlimburg auf dem Schlossberg hoch über dem Lennetal ist die einzige noch weitgehend in der ursprünglichen Baugestalt erhaltene mittelalterliche Höhenburg in Westfalen. Um 1230 gründete Graf Dietrich von Isenburg die „Hohe Limburg" als Stützpunkt gegen die Grafschaft Mark, in den 1740er-Jahren wurde sie zu einem barocken Residenzschloss der Grafen bzw. Fürsten von Bentheim-Tecklenburg erweitert, trotz der Umbauten ist die mittelalterliche Kernanlage noch gut erkennbar. Zu den berühmtesten Ausstellungsstücken des Schlosses zählt „Die Schwarze Hand von Hohenlimburg", eine vor etwa 170 Jahren abgetrennte menschliche Hand. Der seit Generationen den Schulkindern erzählten Überlieferung zufolge handelt es sich um die Hand eines Edelknaben, der immer wieder seine Mutter geschlagen hatte, bis ihm der Vater zur Strafe die Hand abhacken ließ.

- 7,3 km
- 1:45 h
- 256 hm
- 256 hm

TOUREN TIPP

START: Hagen-Hohenlimburg, Parkplatz Ecke Kaiserstraße/Forstweg, weitere Parkplätze beim Bahnhof Hohenlimburg (Südseite, Untere Isenbergstraße)

CHARAKTER: Einfache Waldwanderung zu allen Jahreszeiten.

> 01 Hagen-Hohenlimburg, Parkplatz, 134 m;
> 02 Wegweiser zum Schloss, 166 m;
> 03 Weggabelung, 219 m;
> 04 Gabelung, 307 m;
> 05 Schloss Hohenlimburg, 230 m

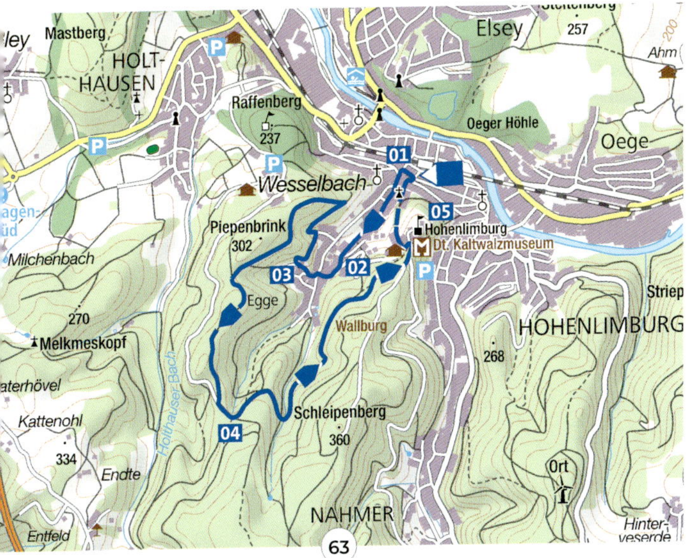

FREILICHTMUSEUM HAGEN

Westfälisches Landesmuseum für Handwerk und Technik

Im Süden von Hagen liegt im Stadtteil Selbecke das „Freilichtmuseum Hagen – Westfälisches Landesmuseum für Handwerk und Technik". Hier im Tal des Mäckinger Bachs werden 200 Jahre Handwerks- und Technikgeschichte aus Westfalen und Lippe wieder lebendig. In insgesamt 60 Werkstätten (z. T. transloziert, z. T. rekonstruiert) werden regelmäßig historische Handwerkstechniken und Maschinen vorgeführt. Schon früh kristallisierte sich das schmale Tal des Mäckinger Bachs an der Grenze von Sauerland und südöstlichem Ruhrgebiet als Standort heraus, denn hier fanden sich alle für das Gewerbe des 18. und 19. Jh. wichtigen Standortfaktoren, als da wären Wind, Wasser und Wald. Das Museumsgelände, das dem Lauf des Mäckinger Bachs taleinwärts folgt, wurde 1973 eröffnet. Unsere Wanderung folgt einem Nord-Süd verlaufenden 250 m hohen Höhenrücken östlich des Taleinschnitts.

- 5,9 km
- 1:45 h
- 177 hm
- 177 hm

TOUREN TIPP

START: Hagen-Selbecke, Mäckingerbach, Parkplatz des Freilichtmuseums Hagen, Bushaltestelle „Hagen Freilichtmuseum"

CHARAKTER: Waldwanderung, durchgehend mit A9 markiert

01 Parkplatz vor dem Freilichtmuseum Hagen, 169 m; **02** Einstieg Wanderweg (A9), 165 m; **03** Bank, 231 m; **04** Weggabelung (höchster Punkt), 294 m; **05** Aussichtspunkt, 277 m; **06** Mäckinger Bach, 237 m

DIE GLÖRTALSPERRE

Badevergnügen mitten im Wald

Die Glörtalsperre und ihr Naturbadestrand liegen in den Wäldern am Übergang vom Ruhrgebiet ins Sauerland, hier genießen die Hagener im Sommer das kühle Nass der aufgestauten Glör. Das Badewasser hat eine hervorragende Qualität, da der waldreiche Einzugsbereich kaum landwirtschaftlich genutzt wird und der mittlere jährliche Wasserdurchfluss fast das Dreifache des Stauinhalts von 2,1 Millionen m³ beträgt. Im Frühjahr gleiten Paddelboote durch die Buchten, im Sommer werden die Glör und ihre Ufer zum Baden, Paddeln und Picknicken genutzt, im Herbst lockt der Uferweg zu einem stillen Rundgang durch die bunten Wälder. Die Größe der bewirtschafteten Terrassen der Gaststätte Haus Glörtal und der zwei Parkplätze spiegelt die Beliebtheit der Talsperre bei den Einheimischen wider.

- 5,2 km
- 1:30 h
- 91 hm
- 91 hm

TOUREN TIPP

START: Gebührenpflichtiger Parkplatz beim Haus Glörtal, Alternative: Parkplatz an der Dahlerbrücker Straße gegenüber der Mautstraße zur Talsperre. Dort befindet sich auch die Haltestelle „Glör-Parkplatz".

CHARAKTER: Familienfreundliche Wanderung auf bequemen Waldwegen, bis auf den Schlenker entlang der Glör ist die Runde kinderwagentauglich.

> **01** Parkplatz beim „Haus Glörtal", 326 m; **02** Badestelle, 331 m; **03** Jugendherberge Glörsee, 329 m; **04** Infotafel Meiler, 315 m; **05** Weggabelung vor der Glörbrücke, 324 m;
> **06** Forstweg, 353 m;
> **07** Staumauer, 314 m

23 NATURSCHUTZGEBIET ELBSCHETAL

Idyllische Flusslandschaft

Die Elbsche ist ein knapp 8 km langer Nebenfluss der Ruhr, das Naturschutzgebiet schützt den 2 km langen Mittellauf des Baches. Auf beiden Seiten des Flüsschens finden sich Auen, teilweise stehen auch die angrenzenden Hangbereiche unter Schutz. Das Naturschutzgebiet Elbschetal erstreckt sich entlang des Flusslaufs und ist für seine Vielfalt an Pflanzen und Tieren bekannt. Die Landschaft ist geprägt von Auenwäldern, Feuchtgebieten und einer malerischen Flusslandschaft.

- 9 km
- 2:50 h
- 241 hm
- 241 hm

TOUREN TIPP

START: Wengern, Trienendorfer Straße, Parkplatz Davidis-Platz unterhalb des Hotels Henriette Davidis, Bushaltestelle Wengern Denkmal – Wetter (Ruhr) unweit der Dorfkirche Wengern (2 Min. Fußweg).

CHARAKTER: Wanderung über Teerstraßen und Waldwege, im Bereich des Naturschutzgebietes gibt es eine kurze Passage, die etwas Trittsicherheit erfordert.

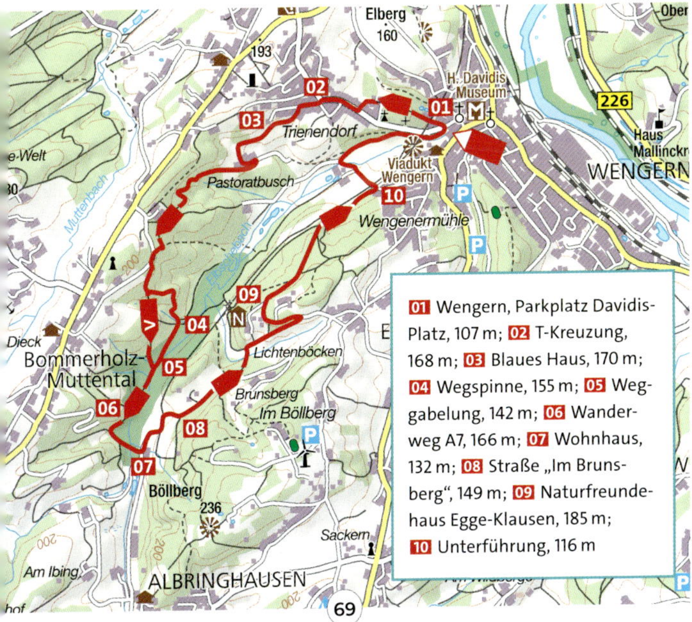

01 Wengern, Parkplatz Davidis-Platz, 107 m; **02** T-Kreuzung, 168 m; **03** Blaues Haus, 170 m; **04** Wegspinne, 155 m; **05** Weggabelung, 142 m; **06** Wanderweg A7, 166 m; **07** Wohnhaus, 132 m; **08** Straße „Im Brunsberg", 149 m; **09** Naturfreundehaus Egge-Klausen, 185 m; **10** Unterführung, 116 m

RUINE ISENBURG

Über den Schulenberg-Kamm und entlang der Ruhr

Der Burgbereich der Isenburg mit den vielen Ruinen der einstigen Gebäude (Bergfried, Zeughaus, Kapelle, Kemenate, Wachstube, Lagerhaus, Wohnturm etc.) erstreckt sich über den langen Kamm des Isenbergs. Das einzige vollständige Gebäude ist das Landhaus Custodis (19. Jh.). Die Anlage ist ganzjährig zugänglich – das zugehörige Museum ist jeden zweiten Sonntag geöffnet. Neben Fundstücken aus Grabungen wird dort auch ein Faksimile der Original-Urkunde mit der ersten Nennung der Burg aus dem Jahre 1200 gezeigt.
Info: www.burg-isenberg.de

- 9,7 km
- 2:45 h
- 258 hm
- 258 hm

TOUREN TIPP

START: Hattingen, Parkplatz am Schützenplatz. Bushaltestelle „Hattingen Schulenburg" (Linie 359 ab S-Bahn Hattingen Mitte)

CHARAKTER: Waldwanderung, auf dem Rückweg zunächst entlang des geteerten Leinpfads, dann entlang von Straßen.

> **01** Hattingen, Parkplatz Schützenplatz, 124 m; **02** Bismarckturm, 158 m; **03** Schutzhütte, 164 m; **04** Ruhrschleifenblick, 124 m; **05** Nierenhofer Straße, 137 m; **06** Haltestelle Isenberger Weg, 138 m; **07** Ruine Isenburg, 152 m; **08** Isenberger Straße, 77 m; **09** Fuß- und Radweg (Glückauf-Trasse), 80 m; **10** Grünstraße, 99 m

25 GETHMANNSCHER GARTEN

Ruhrtalblick deluxe

Nördlich des Ortskerns liegt auf einer bewaldeten Hügelkuppe der Gethmannsche Garten, ein zu Beginn des 19. Jh. angelegter Landschaftsgarten. Der Besuch lohnt sich vor allem wegen des Belvederes am Ruhrhang – von der hoch gelegenen Aussichtskanzel hat man Richtung Osten eine schöne Sicht über das Ruhrtal.

- 6,5 km
- 2:05 h
- 192 hm
- 192 hm

TOUREN TIPP

START: Blankenstein, Parkplatz „Im Tünken", unterhalb der Burg Blankenstein

CHARAKTER: Wanderung durch herrliche Ruhrsteilhänge oberhalb des Ruhrtals und über aussichtsreiche Feldfluren, durchgehend mit A2 markiert.

01 Blankenstein, Parkplatz „Im Tünken", 141 m;
02 Weggabelung, 122 m;
03 Nordwestlichster Punkt, 145 m; **04** Pavillon, 151 m;
05 Gasthaus „Das Kran", 178 m;
06 Abzweig rechts, 167 m;
07 Sprockhöveler Straße, 209 m; **08** Häusergruppe Wechtenbruch, 146 m; **09** Sprockhöveler Straße, Haus Nr. 11

HESPERTALBAHN

Museumsbahn, Baldeneysee und Zechenbahntrasse

Die Hespertalbahn ist eine Museumseisenbahn, die am Südufer des Baldeneysees zwischen dem alten Kupferdreher Bahnhof und der Ausweich- und Rangierstelle beim Haus Scheppen verkehrt. Fahrplanmäßige Fahrten finden jeweils am ersten und dritten Sonntag sowie an Feiertagen in der Zeit von Mai bis Oktober statt, die einfache Fahrt durch die verwinkelten Seitentäler der Ruhr oberhalb des Baldeneysees dauert etwa 20 Minuten. Die Geschichte der Hespertalbahn begann 1857, als sie den Betrieb als Schmalspurbahn mit Pferdebetrieb für die Erzgruben im Raum Velbert aufnahm. 1877 wurde die Zeche Pörtingsiepen an die nun auf Normalspur umgestellte Strecke angeschlossen.

Betriebstage auf der Homepage: www.hespertalbahn.de

- 9,8 km
- 2:35 h
- 144 hm
- 144 hm

TOUREN TIPP

START: Essen-Kupferdreh, Bahnstraße; S-Bahn Essen-Kupferdreh oder Parkplatz südlich des Bahnhofs der Hespertalbahn.

CHARAKTER: Seepromenade und Waldwege. Wer kann, sollte unter der Woche wandern, dann ist am Seeufer und beim Haus Scheppen, einem beliebten Bikertreff, nicht ganz so viel los.

> **01** Essen-Kupferdreh, Parkplatz Hespertalbahn, 56 m; **02** Bahnübergang, 60 m; **03** Haus Scheppen, 66 m; **04** Seilscheibe, 66 m; **05** Abzweig Fußgänger-/Radweg, 61 m; **06** Abzweig Pfad (Mark. Z), 87 m; **07** Weggabelung, 121 m; **08** Augustaweg, 102 m; **09** Moosbach, 79 m

ALTSTADTPERLE KETTWIG

Historischer Stadbummel

Kettwig hat sich einen der schönsten Altstadtkerne an der Ruhr bewahrt. Der Ort gehörte bis 1802 zur Reichsabtei Werden, erhielt 1857 die Stadtrechte und wurde 1975 nach Essen eingemeindet. Der beste Einstieg befindet sich an der 1282 erstmals erwähnten Ruhrbrücke, die Kettwig in zwei historische Hälften teilt: Die sehenswerte Altstadt von Kettwig erstreckt sich rechts der Ruhr; Kettwig vor der Brücke, links der Ruhr, gehörte zum Herzogtum bzw. Großherzogtum Berg. Von der Brücke, die Abt Bernhard 1785 über den Mühlengraben bauen ließ, führt die Ruhrstraße zum Tuchmacherplatz am Fuß der Kirchtreppe mit Weberbrunnen und barocken Fachwerkhäusern. Weiter westlich kommt der Zwiebelhelm der klassizistischen Hallenkirche

St. Peter in Sicht. Durch die Hauptstraße östlich erreicht man den Kettwiger Markt mit schieferverkleideten Bürgerhäusern und der Marktkirche mit dem Turm aus dem 13. Jh. Am Bürgermeister-Fiedler-Platz befindet sich neben klassizistischen Bürgerhäusern das im Altbau klassizistische Rathaus im Gebäude einer ehemaligen Tuchfabrik.

Info: www.visitessen.de

- 10,1 km
- 3:00 h
- 233 hm
- 233 hm

TOUREN TIPP

01 S-Bahnhof „Essen-Werden", 53 m; **02** „An der Stadtmauer", 71 m; **03** Ringwallanlage Alteburg, 126 m; **04** Kreuzung Pieperbeck/Kutschenweg, 112 m; **05** Häusergruppe, 71 m; **06** Oefter Bach, 84 m; **07** T-Kreuzung (Golfplatz), 70 m; **08** Kreuzung, 59 m; **09** Abzweig rechts, 99 m; **10** Abzweig links, 102 m; **11** Aussichtspunkt mit Bänken, 109 m; **12** Hauptweg, 58 m; **13** S-Bahnhof Kettwig-Stausee, 52 m

START: Großparkplatz unter der Brücke beim S-Bahnhof „Essen-Werden"

CHARAKTER: Hügelige Wald- und Aussichtswanderung.

SCHLOSS LANDSBERG

Thyssens Erbe

Das Schloss liegt inmitten eines englischen Landschaftsparks. Die halbkreisförmige Anlage befindet sich in etwa 65 m Höhe auf einem Bergsporn und ist teilweise von einer bis zu 13 m hohen Ringmauer umgeben. Die Anlage wurde 1276 zur Befestigung eines Ruhrübergangs errichtet und 1903 vom Industriemagnaten August Thyssen gekauft (er war damals einer der reichsten Männer Deutschlands). Thyssen baute das Hauptgebäude zu einem Herrenhaus aus und bewohnte es bis zu seinem Tod 1926. Der burgähnliche Neubau, auf den wir zuerst stoßen, wird heute als Fortbildungsstätte genutzt. Das Schloss wird privat genutzt und kann nicht besichtigt werden, das Flanieren durch die Gärten ist aber erlaubt.

- 9,7 km
- 2:35 h
- 171 hm
- 171 hm

START: Parkplatz an der August-Thyssen-Straße. Alternativer Startpunkt: Bushaltestelle Mintard Kirche.

CHARAKTER: Hügelige Aussichtswanderung.

TOUREN TIPP

- 01 Parkplatz, 64 m;
- 02 T-Kreuzung, 39 m;
- 03 Schloss Hugenpoet, 47 m;
- 04 „Am Bisterkamp", 48 m;
- 05 Anwohnerparkplätze, 54 m;
- 06 Kesselkamps Hof, 108 m;
- 07 Straße „Boxmaul", 99 m;
- 08 Parkplatz Essener Straße, 101 m;
- 09 Weggabelung, 124 m;
- 10 Schloss Landsberg, 82 m

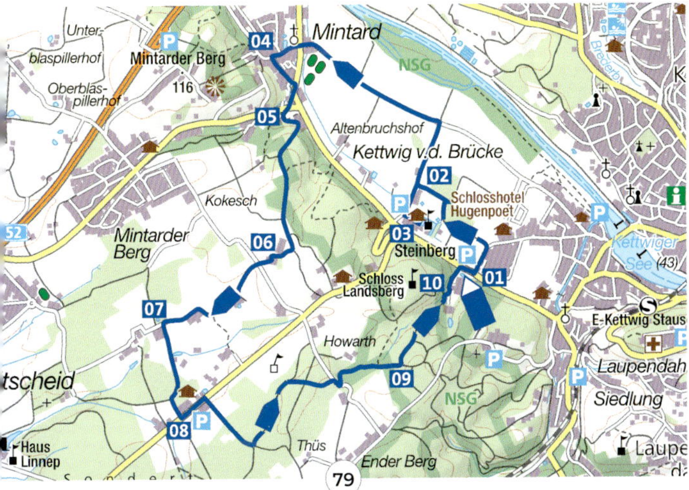

29 SECHS-SEEN-PLATTE

Überraschende Idylle südlich von Duisburg

Die Sechs-Seen-Platte im Duisburger Süden ist das beste Beispiel dafür, wie grün und idyllisch das Ruhrgebiet heute ist. Wambachsee, Masurensee, Böllertsee, Wolfssee, Wildförstersee und Haubachsee heißen die sechs Seen. Sie liegen in der waldreichen Huckinger Mark und entstanden Anfang des 20. Jh. durch den Bau des Rangierbahnhofs Wedau und den Ausbau der gleichnamigen Siedlung. Das von Wald und Seen geprägte Erholungs- und Wassersportzentrum bietet Möglichkeiten zum Surfen, Segeln, Schwimmen und Rudern sowie für erholsame Spaziergänge und zur Naturbeobachtung. Insgesamt stehen 18 km Wanderwege zur Verfügung, 9 km verlaufen unmittelbar an den Seeufern. Gleich zu Beginn der Wanderung bietet der 23 m hohe Aussichtsturm auf dem Wolfsberg in der Vogelschau eine tolle Übersicht über das Gelände und Teile des Ruhrgebietes.

- 8,5 km
- 2:00 h
- 48 hm
- 48 hm

TOUREN TIPP

START: Bahnhof „Duisburg-Entenfang" an der Bissingheimer Straße; Parkplätze auf der Westseite des Bahnkörpers an der Masurenallee. Ein alternativer Einstieg ist das Freibad (Kalkweg).

CHARAKTER: Leichte, familienfreundliche Parkwanderung mit Bademöglichkeit.

> 01 Bahnhof „Duisburg-Entenfang" (Parkplatz), 39 m;
> 02 Verzweigung, 46 m; 03 Aussichtsturm, 48 m;
> 04 Weggabelung, 37 m; 05 Weggabelung, 39 m;
> 06 Strandbad Wolfssee, 37 m; 07 Stegbrücke, 35 m

KLOSTER SAARN

Von der Gotik bis ins Barock

Saarn ist der größte und südlichste Stadtteil von Mülheim. Das 1214 gegründete Zisterzienserinnenkloster „Mariensaal" war das erste Nonnenkloster des Ordens und eine Keimzelle der Stadt Mülheim. Die von der Gotik bis zum Barock stammenden Abteigebäude sind Teil der Route der Industriekultur, sie dienen als Bürger-Begegnungsstätte und bilden den Rahmen für Konzerte wie die geistliche „Musik im Kloster Saarn", zu der auch die Saarner Orgeltage gehören. 2010 wurde der Klosterkräutergarten eröffnet. Die Ausstellung im Kreuzgang dokumentiert die Klostergeschichte. Nach der Säkularisation während der napoleonischen Kriege wurde in den Gebäuden eine Rüstungsfabrik (Gewehre) eingerichtet. Die verbliebenen Gebäude wurden 1979 restauriert. Die Klosterkirche St. Maria Himmelfahrt wird bis heute für Gottesdienste genutzt.
Info: www.kloster-saarn.com

- 8,0 km
- 1:50 h
- 105 hm
- 105 hm

TOUREN TIPP

START: Bushaltestelle Klostermarkt in Mülheim-Saarn; in der Klosterstraße gibt es einige wenige Parkmöglichkeiten.

CHARAKTER: Aussichtsreiche Wiesenwanderung.

01 Kloster Saarn, Klosterstraße, 48 m; **02** Ruhrauenweg, 39 m; **03** Voßbeckstraße, 69 m; **04** Wanderweg, 112 m; **05** Weggabelung, 105 m

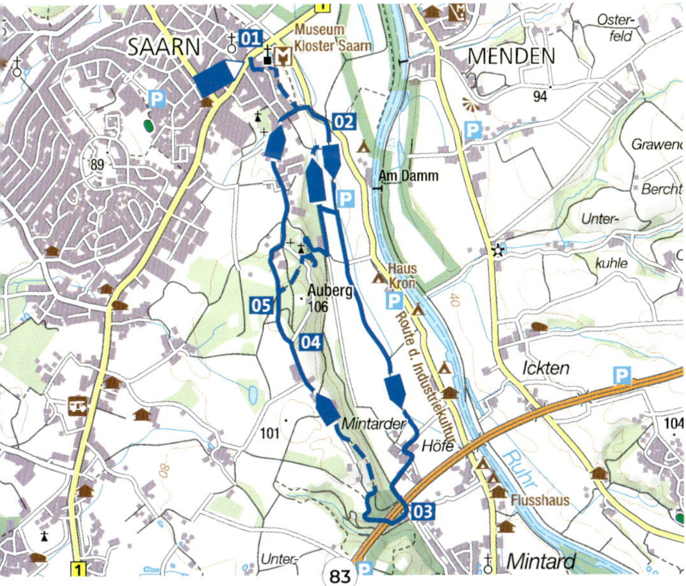

HISTORISCHE RUHRSCHLEUSE

Zum Kloster Saarn und Schloss Broich

Seit 1460 wurde in Mülheim (Ruhr) Kohle abgebaut, der Transport des Materials wurde jedoch erst 1780 mit Fertigstellung dieser Schleuse möglich. Heute kaum vorstellbar wurde damals in Spitzenzeiten alle 10 bis 15 Minuten ein Schiff geschleust, im Handbetrieb! 1927 – nach dem Bau des Kahlenbergwehres – hatte sich der Ruhrpegel um 1,50 m erhöht, entsprechend musste die alte Schleuse umgebaut werden. Eine grundlegende Sanierung erfolgte von 1993 bis 1994. Heute wird sie vor allem vom wachsenden Tourismus auf dem Wasser genutzt: Haus- und Sportboote fahren durch die Schleuse in Richtung Mülheimer Stadthafen oder sogar noch weiter bis zum Rhein.

8,8 km
2:05 h
53 hm
53 hm

TOUREN TIPP

START: Mülheim an der Ruhr, U-Bahnhof „Schloss Broich" an der Straße „Am Schloss Broich".

CHARAKTER: Leichte, aussichtsreiche Wanderungen durch parkähnliche Landschaft und die Ruhrauen.

01 Mülheim, U-Bahn-Station „Schloss Broich", 39 m; **02** Brücke zur Schleuseninsel, 35 m; **03** Walzenwehr, 39 m; **04** Wanderweg „Am Damm", 36 m; **05** Saarner Damm, 43 m; **06** Saarner Auenweg, 42 m; **07** Brückenkonstruktion, 48 m; **08** Schloss Broich, 45 m

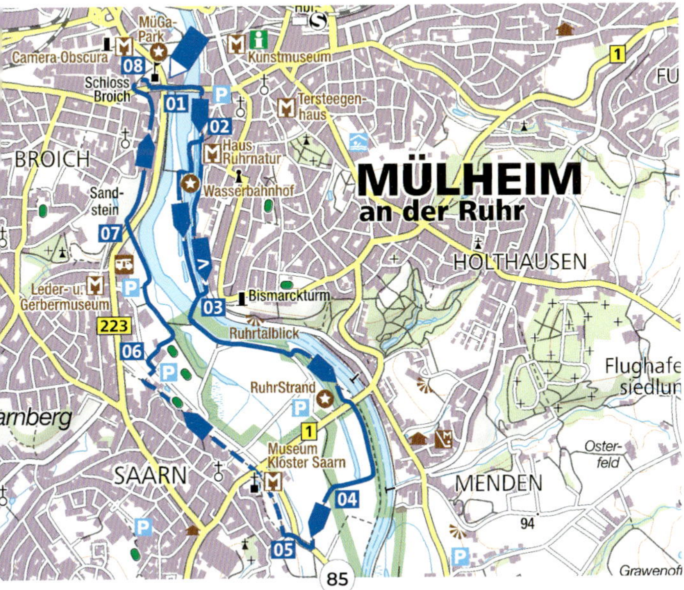

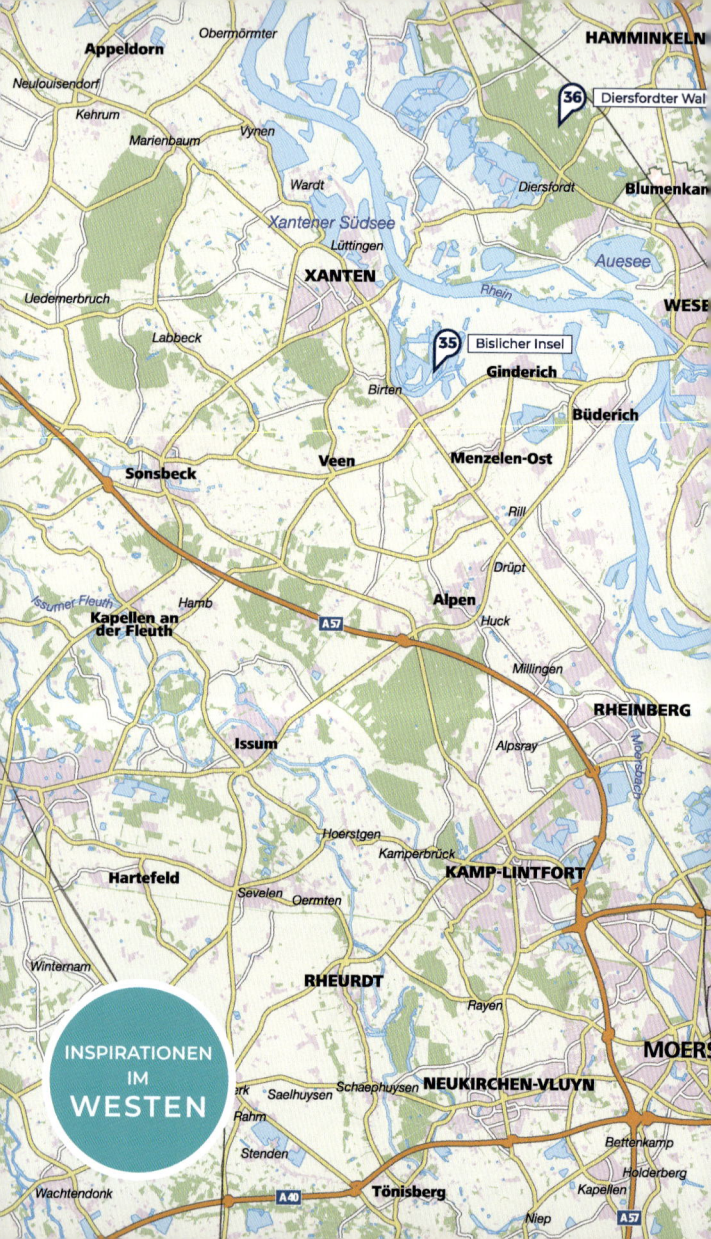

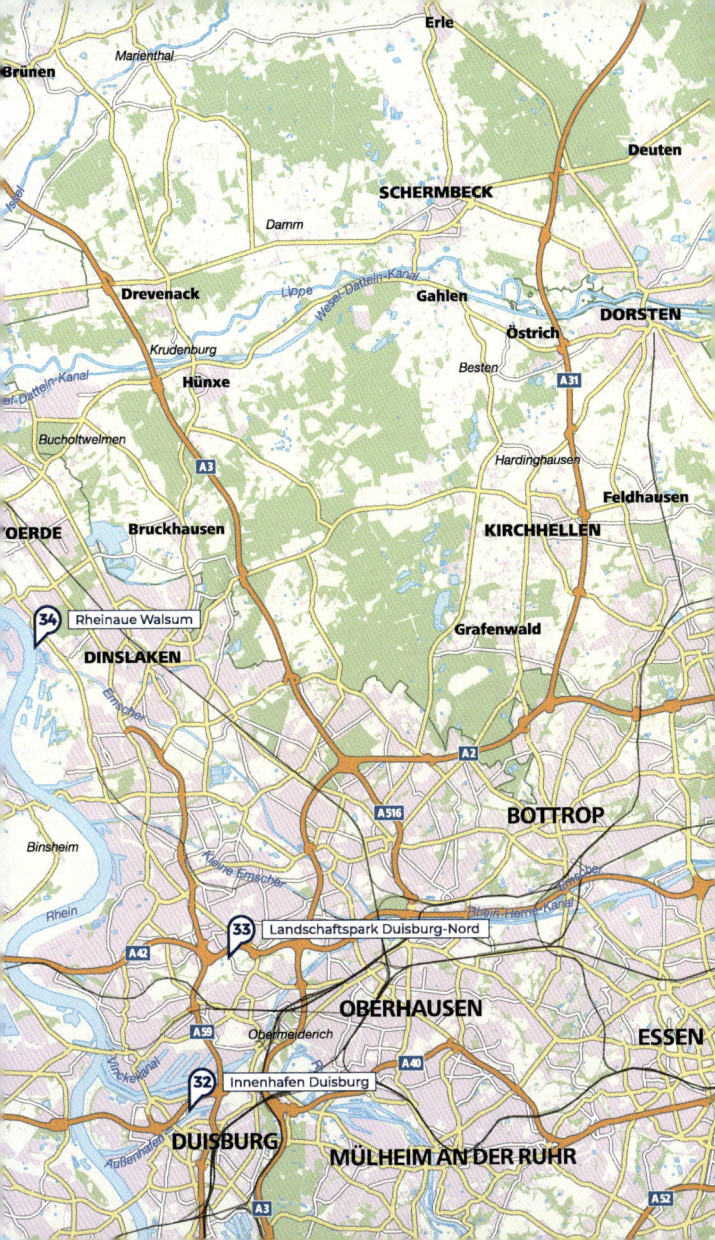

INNENHAFEN DUISBURG

Zu den Five Boats

Ab 2010 wurde unter Einbeziehung eines denkmalgeschützten Speichergebäudes der Rheinisch-Westfälischen Speditions-Gesellschaft aus den 1930er-Jahren ein sehenswerter Neubau für das Landesarchiv Nordrhein-Westfalen, Abteilung Rheinland, gebaut. Der 76 m hohe Archivturm wurde wie die „Five Boats" eine der Landmarken Duisburgs. Die Fenster wurden zugemauert, um das Archivmaterial vor Tageslicht zu schützen. An den 48 m langen ehemaligen Getreidespeicher schließt ein wellenförmiger, 160 m langer sechsgeschossiger Neubau an. Weitere sehenswerte Umbauten sind die zu einem Kunstmuseum umgestaltete Küppersmühle (Herzog & de Meuron), die Werhahnmühle (Explorado Kindermuseum) und das Kultur- und Stadthistorische Museum.

- 8,1 km
- 2:00 h
- 39 hm
- 39 hm

TOUREN TIPP

START: Duisburg Hauptbahnhof, Bahnhofsvorplatz.

CHARAKTER: Einfache Wanderung vorwiegend auf Teerstraßen.

01 Duisburger Hauptbahnhof, 40 m; **02** König-Heinrich-Platz, 36 m; **03** Eingangstor der Tabakfabrik, 33 m; **04** Buckelbrücke, 30 m; **05** Uferweg, Beginn Umleitung, 32 m; **06** Ende Umleitung (Kläranlage), 26 m; **07** Rheinorange, 20 m; **08** dritte Buhne, 20 m; **09** Endhaltestelle „Rheindeich", 30m

33 LANDSCHAFTSPARK DUISBURG-NORD

Faszination Industriekultur

Rund 20 Jahre dauerte es, bis aus dem 1985 stillgelegten Hüttenwerk Meiderich des Thyssen-Konzerns eine touristische Attraktion und eines der beliebtesten Naherholungsgebiete in Duisburgs Norden wurde. Die fotogene Hochofenkulisse ist heute eine bekannte Event-Adresse und hat sogar eine eigene Alpenvereinshütte. Die britische Tageszeitung „The Guardian" wählte den Park unter die zehn schönsten Großstadtoasen der Welt. Die dank Infotafeln lehrreiche Wanderung führt über einen Teil des 180 ha großen Areals. Nicht alles ist idyllisch, aber auf jeden Fall typisch für das Ruhrgebiet!

- 6,1 km
- 2:45 h
- 33 hm
- 33 hm

TOUREN TIPP

START: Parkplatz an der Emscherstraße östlich des Hüttenwerks. Bushaltestelle „Hüttenwerk".

CHARAKTER: An sich eine einfache Wanderung, für Kinder ist der Westteil des Landschaftsparks jedoch eher uninteressant.

---

01 Duisburg, Parkplatz Hamborner Str., 35 m; **02** Besucherzentrum, 37 m; **03** Bahnunterführung, 30 m; **04** Papiermühlenstraße, Rampe, 29 m; **05** Treppen zum Stellwerk, 29 m; **06** Ahornallee, 30 m; **07** Weggabelung, 25 m; **08** Stadtrandgarten, 26 m; **09** Sinterplatz, 28 m; **10** Erzbunkertaschen; **11** Hochofen 5, 30 m

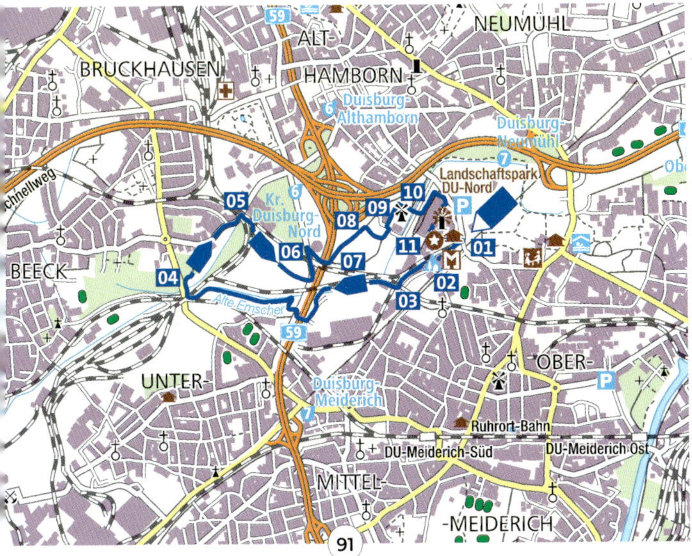

34 NATURSCHUTZGEBIET RHEINAUE WALSUM

Deichwanderung zur Emschermündung

Das Naturschutzgebiet ist der südliche Teil des Feuchtgebietes „Unterer Niederrhein", das gemäß der Ramsar-Konvention von besonderer Bedeutung ist, da hier unter anderem arktische Gänse überwintern. Bis 1935 wurden die Rheinauen bei Rheinhochwasser bis zur Kante der Niederterrasse geflutet. Ein 1936 eingeweihter Rheindeich zwischen Walsum und Stapp verhinderte eine Überflutung auf Zweidrittel dieser Flächen. Das führte jedoch dazu, dass unter den Deichen sogenanntes Drängewasser die hinter dem Deich liegenden Flächen vernässte und für die Landwirtschaft zeitweise nicht mehr nutzbar machte. Pumpwerke wurden gebaut, um diese stehenden Gewässer wieder trockenzulegen. Typisch für das Deichbinnenland ist sein Strukturreichtum, ein Mosaik aus Hecken, kleinen Waldparzellen, Röhrichten, Feuchtwiesen und zum Teil ständig überfluteten Auenbereichen und Altstromrinnen. In den 1970er-Jahren wurden das Deichvorland mit seinen Weichholzauen durch Kiesabbau völlig zerstört und umgebaut. Nach Abschluss der Rekultivierungen ist eine tischebene Fläche zurückgeblieben, die ein niedrigeres Niveau hat als vor der Auskiesung. Feldgehölze gliedern nun die weitläufigen Wiesen, die im Sommerhalbjahr von Schafen und Weidevieh sowie Wildtieren bewohnt werden. Die Zone ist eingezäunt und darf nicht betreten werden. Auch Hunde dürfen dort nicht freilaufen, weil auf den Wiesen im Frühling etliche Vogelarten brüten.

- 9 km
- 2:05 h
- 47 hm
- 47 hm

TOUREN TIPP

START: Parkplatz „Rheinauen" in der Königstraße, Alt Walsum; Haltestelle „Walsum Wardtstraße" in der Kaiserstraße.

CHARAKTER: Einfache, auch fahrradtaugliche Wanderung, zu einem Großteil auf der geteerten Deichkrone. Beste Jahreszeit: Vogelzug im Frühjahr und Herbst, unbedingt an Ferngläser, vielleicht auch ein Bestimmungsbuch denken.

> **01** Alt-Walsum, Wanderparkplatz „Rheinauen", 22 m;
> **02** Gehöft, 22 m; **03** Stapp, 23 m; **04** T-Kreuzung, 18 m;
> **05** Bushaltestelle „Walsum Wardtstraße", 22 m

35 BISLICHER INSEL

Vogelparadies in den Rheinauen

Das 1.200 ha große Naturschutzgebiet ist ein wichtiges Überwinterungsgebiet für 20.000 bis 30.000 arktische Wildgänse wie Grau-, Saat- und Blässgänse, außerdem findet man hier die größte Kormorankolonie Nordrhein-Westfalens. Alljährlich wiederholt sich hier im Oktober ein faszinierendes Schauspiel: Dann fallen laut schnatternd Tausende Wildgänse ein und beziehen bis Ende Februar ihr Winterquartier am Niederrhein. Bis zu 6.000 km legen sie zur Bislicher Insel zurück. Aber auch im Frühjahr lohnt sich der Besuch – dann kreisen über den Spaziergängern die Störche in der Thermik, brüten die Kiebitzweibchen unweit des NaturForums auf den Wiesen am Alten Rhein, fliegen Gänse dicht über den Köpfen der Besucher zu den Wiesen rechts und links des Wanderweges. Das zieht Hobbyornithologen, ausgerüstet mit Profileobjektiven und Ferngläsern, aus der ganzen Republik an. 2004 wurden hier zwei Biberfamilien ausgesetzt – die ersten Biber am Niederrhein seit mehr als 120 Jahren. Seit 2017 brütet auch erfolgreich ein Seeadlerpaar.

- 4,4 km
- 1:00 h
- 21 hm
- 21 hm

TOURENTIPP

START: Parkplatz des NaturForums Bislicher Insel

CHARAKTER: Einfache Wanderung auf Teerstraßen und zum Schluss auf Waldwegen. Wer diese Wanderung mit der Storchenwanderung in Bislich verbinden will, kann mit der Personenfähre „Keer Tröch II" nach Bislich übersetzen, sie liegt von Xanten kommend am Weg zum NaturForum. Unbedingt an Ferngläser, evt. auch ein Vogelbestimmungsbuch denken!

01 NaturForum-Parkplatz, 23 m;
02 Besucherzentrum, 21 m;
03 Erste Beobachtungshütte, 18 m; 04 zweite Beobachtungshütte, 19 m; 05 Wohnhäuser, 24 m; 06 dritte Beobachtungshütte, 19 m

36 DIERSFORDTER WALD

Bizarre Bäume und eiszeitliche Sanddünen

Der Diersfordter Wald mit seinem schönen Eichen- und Kiefernmischwald nördlich von Wesel liegt im Naturpark Hohe Mark und bietet auf kleinem Raum eine Vielfalt an Landschaftsformen: eiszeitliche Sanddünen, stille Moor- und Heideflächen und einen schönen Baumbestand. Bekannt ist der Diersfordter Wald außerdem für die größte Population des seltenen Hirschkäfers in Nordrhein-Westfalen, weshalb auch einer der zwei Wanderwege durch den mit knorrigen Eichen, Rotbuchen und Waldkiefern bestandenen Wald nach ihm benannt ist. Der Hirschkäfer ist übrigens der größte in Deutschland heimische Käfer. Das 350 ha große Wildgatter, das sich die Schlossherren von Diersfordt um 1850 für die Jagd einzäunten, betreten die Besucher durch spezielle Wildschleusen. Im Wildgatter leben Rothirsch, Damhirsch, Mufflon und Wildschwein, die von zwei Wildbeobachtungsständen in den frühen Morgenstunden oder in der Dämmerung beobachtet werden können.

- 6,5 km
- 1:30 h
- 49 hm
- 49 hm

TOUREN TIPP

START: Wanderparkplatz Diersfordter Wald/Wildgatter Süd an der Straße „Bislicher Wald" nördlich von Diersfordt. Bushaltestelle „Am Jäger" in der Emmericher Straße westlich des Parkplatzes.

CHARAKTER: Leichte Waldwanderung mit schönen Blicken über das Moor, fahrradtaugliche Wege.

> 01 Parkplatz Diersfordter Wald/Wildgatter Süd, 26 m;
> 02 Kreuzung, 30 m;
> 03 Beobachtungskanzel, 28 m;
> 04 Weggabelung (Moorerlebnisweg), 35 m;
> 05 Rastplatz Große Veen, 31 m;
> 06 Bohlenweg, 27 m;
> 07 Weggabelung Hirschkäferweg, 34 m;
> 08 Wildbeobachtungspunkt, 27 m

HINWEISE, TIPPS
und Legende

LEICHT
In der Regel gut angelegte und gut markierte Wege ohne echte Gefahrenstellen, die jedermann begehen kann. Das schließt aber kurze, kräftige Steigungen nicht aus.

MITTEL
Mittelschwere Touren auf überwiegend gut begehbaren Wegen; meist mehrere, aber in der Regel keine zu langen oder steilen Anstiege.

SCHWER
Anspruchsvolle Touren aufgrund der Streckenlänge und der zu bewältigenden Höhenmeter, die eine entsprechende Kondition verlangen.

Hinweis
Gehzeiten und Schwierigkeitsbewertungen sind Richtwerte. Auf allen Ruhrstauseen drehen Ausflugsschiffe ihre Runden und können für Hin- und Rückfahrten genutzt werden.

Markierungen
Bis auf wenige Ausnahmen sind alle Wanderwege nur mit auf Bäumen aufgesprühten oder an den Pfählen von Verkehrsschildern aufgeklebten Nummern bzw. Symbolen markiert. Aufgrund des dichten Wegenetzes finden sich oft viele auf engem Raum. Vor allem in den Wäldern muss man genau schauen – Tipp: Die Touren in der App downloaden!

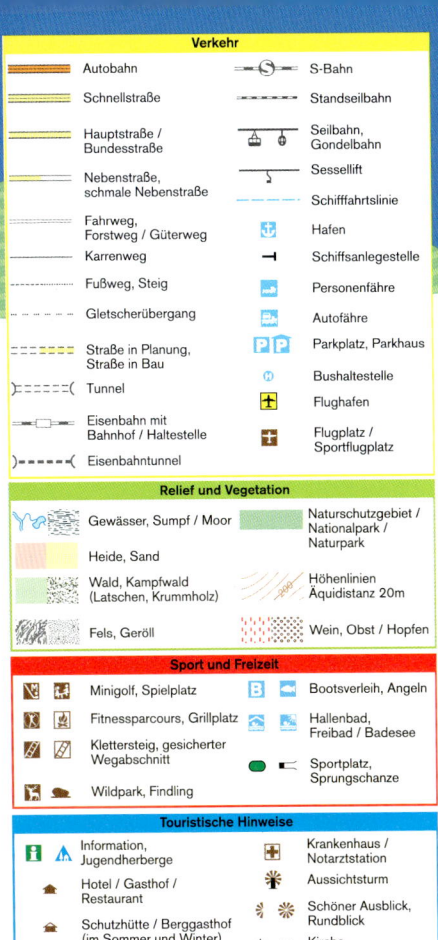

Der Kartenmaßstab dieses Ratgebers variiert; die Tourenkarten dienen der Orientierung. Karten mit dem Maßstab 1:50.000 findest du in unserem Kompass-Wanderführer „Ruhrgebiet"

NOCH MEHR

Inspirationen

Unsere Inspirationen beinhalten alle Wandertouren als Tipps und als Vorschlag, um ans Ziel zu kommen. Ausführliche Beschreibungen und noch viele weitere Tourenvorschläge findet man in unseren Wanderführen und weiteren Outdoor Reihen wie „Dein Augenblick" und „Endlich".

Ein weiterer Tipp ist die KOMPASS Wanderkarte. Damit lassen sich Touren perfekt planen und auch die Orientierung bei schwierigeren Touren ist damit perfekt zu bewältigen. KOMPASS Wanderkarten zeigen alle Informationen der Landschaft. So lassen sich auch noch weniger bekannte Orte, kleine Seen, versteckte Gipfel und wilde Bäche finden. Eine Wanderkarte ist wie eine Schatzkarte für neue Ziele. Sie zeigt auch, welche Wanderwege, Fahrradwege, Klettersteige und Zufahrtsstraßen es gibt. Öffentliche Verkehrsmittel sind ebenfalls eingezeichnet, genauso wie Parkplätze, Hütten und Almen.

Eine Wanderkarte voller Vorfreude auszubreiten ist schon der erste Schritt in den Urlaub oder das neue Abenteuer. Sie ist aber auch ein herrliches Erinnerungsstück an all die Erlebnisse, die man damit verbindet.

DIE PASSENDEN WANDERFÜHRER
& GEDRUCKTE KARTEN

Dein Augenblick Ruhrgebiet

mit 30 Touren zu Traumzielen

Wanderführer Ruhrgebiet

mit 50 Touren und Extra-Tourenkarte

Wanderkarten Ruhrgebiet

2-teiliges Wanderkarten-Set

IMPRESSUM

Herausgeber: © KOMPASS-Karten GmbH
Karl-Kapferer-Straße 5, A-6020 Innsbruck
1. Auflage 2024 (24.01), Verlagsnummer 8110,
ISBN 978-3-99154-113-4

Konzept und Bildnachweis
Konzept & Gestaltung: © KOMPASS-Karten GmbH
Projektbetreuung: Julia Flory; KOMPASS-Karten GmbH
Text: KOMPASS-Karten-Autorin Raphaela Moczynski
und KOMPASS-Karten GmbH
Grafische und kartografische Herstellung:
© KOMPASS-Karten GmbH
Kartenausschnitte: © KOMPASS-Karten GmbH unter Verwendung OpenStreetMap Contributors (www.openstreetmap.org)
Titelbild: Zeche Erin im Ruhrgebiet © cardephotography - stock.adobe.com, Design Kompass-Karten GmbH

Bildnachweis: Bilder stammen, sofern nicht anders angegeben von Raphaela Moczynski

© Heinz Albers Schloss Landsberg, Essen-Kettwig - Own work, CC BY-SA 3.0, (https://commons.wikimedia.org/w/index.php?curid=2368137): S.78; © Matthias - stock.adobe.com: S. 3; © Michael - stock.adobe.com: S. 24; © holger.l.berlin - stock.adobe.com: S. 26, S.30, S.88; © Heinrich Guntermann - stock.adobe.com: S. 44; © Tobias Arhelger - stock.adobe.com: S. 52; © Marcus Retkowietz - stock.adobe.com: S. 54; © casi - stock.adobe.com: S.56; ©hespasoft - stock.adobe.com: S. 72; ©Klaus Nicodem - stock.adobe.com: S. 74; © oparauschebart - stock.adobe.com: S.76; © Christopher - stock.adobe.com: S.80; © Falco Göthel - stock.adobe.com: S. 84;

© saiko3p - stock.adobe.com: S.90; © madiedu - stock.adobe.com: S.93; © Hendrik - stock.adobe.com: S.104;

Alle Angaben und Routenbeschreibungen wurden nach bestem Wissen gemäß unserer derzeitigen Informationslage gemacht. Die Wanderungen wurden sehr sorgfältig ausgewählt und beschrieben, Schwierigkeiten werden im Text kurz angegeben. Es können jedoch Änderungen an Wegen und im aktuellen Naturzustand eintreten. Wanderer und alle Kartenbenützer müssen darauf achten, dass aufgrund ständiger Veränderungen die Wegzustände bezüglich Begehbarkeit sich nicht mit den Angaben in der Karte decken müssen. Wir aktualisieren unsere Karten und Touren in regelmäßigen Abständen. Dies kann unter Umständen auch dazu führen, dass sich die Inhalte der digitalen Version eines freigeschalteten Wander- oder Fahrradführers bzw. einer Karte, von dem erworbenen Printprodukt unterscheiden. Diese Aktualisierungen sind aus rechtlichen oder sicherheitsrelevanten Gründen erforderlich und ein kostenloser Service mit Mehrwert für alle NutzerInnen. Die Verwendung dieses Führers erfolgt ausschließlich auf eigenes Risiko und auf eigene Gefahr, somit eigenverantwortlich. Eine Haftung für etwaige Unfälle oder Schäden jeder Art wird daher nicht übernommen. Für Berichtigungen und Verbesserungsvorschläge ist die Redaktion stets dankbar. Korrekturhinweise bitte an folgende Anschrift:

KOMPASS-Karten GmbH
Karl-Kapferer-Straße 5, A-6020 Innsbruck
www.kompass.de/service/kontakt